Hans J. Schmidt

Dog Matix
Kooperatives Lernen im Mathematikunterricht

2. unveränderte Auflage

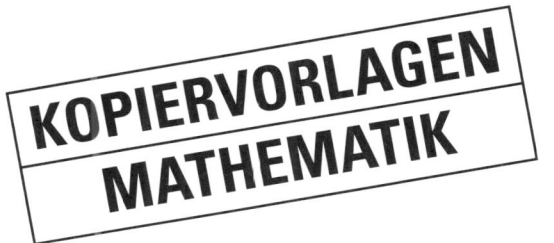

Aulis Verlag

Bibliografische Information Der Deutschen Bibliothek

Die Deutsche Bibliothek verzeichnet diese Publikation in der Deutschen Nationalbibliografie; detaillierte bibliografische Daten sind im Internet über <http://d-nb.de> abrufbar.

Best.-Nr. A302762
© Alle Rechte bei Aulis Verlag in der Stark Verlagsgesellschaft, 2010
ISBN 978-3-7614-2762-0

Das vorliegende Werk wurde sorgfältig erarbeitet. Dennoch übernehmen Autor und Verlag für die Richtigkeit von Angaben, Hinweisen und Ratschlägen sowie für eventuelle Druckfehler keine Haftung. Das Werk und seine Bestandteile sind urheberrechtlich geschützt. Jede vollständige oder teilweise Vervielfältigung, Verbreitung und Veröffentlichung bedarf der ausdrücklichen Genehmigung des Verlages.

Inhaltsverzeichnis

Vorbemerkungen	Seite 4
Find someone who knows (Wo finde ich jemanden, der ...)	Seite 5
Kopiervorlagen Klasse 5/6 zu »Find someone who knows«	Seite 6
Kopiervorlagen Klasse 7/8 zu »Find someone who knows«	Seite 26
Kopiervorlagen Klasse 9/10 zu »Find someone who knows«	Seite 46
Placemats (Platzdeckchen)	Seite 66
Kopiervorlagen »Placemats« Klasse 5/6	Seite 67
Kopiervorlagen »Placemats« Klasse 7/8	Seite 71
Kopiervorlagen »Placemats« Klasse 9/10	Seite 75
Lösungshinweise »Placemat 2 - 12«	Seite 79
Jig Saw (Gruppenpuzzle)	Seite 81
Kopiervorlagen »Gruppenpuzzle zu Gleichungen 1. Grades mit zwei Variablen«	Seite 82
Lösungen »Gruppenpuzzle zu Gleichungen 1. Grades mit zwei Variablen«	Seite 87
Aufgaben »Gruppenpuzzle zu Gleichungen 1. Grades mit zwei Variablen«	Seite 88
Lösungen Aufgaben »Gruppenpuzzle zu Gleichungen 1. Grades mit zwei Variablen«	Seite 89
Find your partner	Seite 90
Kopiervorlagen »Find your partner I« Klasse 5/6 [Bruchrechnung]	Seite 91
Kopiervorlagen »Find your partner II« Klasse 7/8 [Geometrie]	Seite 95
Kopiervorlagen »Find your partner III« Klasse 9/10 [Quadratische Funktionen]	Seite 99
Leerschema »Placemat«	Seite 103
Leerschema »Find your partner«	Seite 104

Vorbemerkungen

Die Bildungsstandards im Fach Mathematik, die von der Kultusministerkonferenz für das Ende der Sekundarstufe I (mittlerer Schulabschluss) beschlossen wurden und für alle Bundesländer verbindlich sind, zielen nicht nur auf die Vermittlung inhaltsbezogener Kompetenzen ab, sondern weisen ausdrücklich darauf hin, dass Mathematikunterricht auch auf die Persönlichkeitsentwicklung und Wertorientiertheit abzielt.

»Schülerinnen und Schüler sollen
- in der Auseinandersetzung mit mathematischen Fragestellungen auch überfachliche Kompetenzen erwerben und einsetzen (*Mathematik als kreatives und intellektuelles Handlungsfeld*).
- gemeinsam mit anderen mathematisches Wissen ... entwickeln und Probleme ... lösen (*Kooperationsfähigkeit als Voraussetzung für gesellschaftliche Mitgestaltung*).
- Verantwortung für das eigene Lernen ... übernehmen ... (*selbstgesteuertes Lernen als Voraussetzung für lebenslanges Lernen*).«[1]

Die sogenannten prozessbezogenen Kompetenzen

Argumentieren/Kommunizieren	Problemlösen	Modellieren	Werkzeuge

werden durch die Auseinandersetzung mit mathematischen Inhalten erworben und werden gleichberechtigt mit den inhaltsbezogenen Kompetenzen in die Leistungsbewertung einbezogen. Die Vermittlung sowohl prozess- als auch inhaltsbezogener Kompetenzen erfordert einen Unterricht, der von einer kleinschrittigen Methodik abweicht und Methoden beinhaltet wie »Lernen an Stationen«, »Spiele«, »Gruppenpuzzle«.

Eine Organisationsform, die besonders sozial-interaktive Aspekte eines gemeinsamen Lernens betont, ist das Kooperative Lernen mit dem Hauptanliegen, die passive Struktur des traditionellen Unterrichts durch aktive Einbindung der Schülerinnen und Schüler zu ändern.

Aus dem breiten Repertoire kooperativer Methoden, die von Kathy und Norm Green entwickelt wurden, sind in diesem Band vier Methoden herausgegriffen worden, weil sie sich gut für den Mathematikunterricht eignen - »Find someone who knows«, »Placemats«, »Jigsaw« und »Post its«. Zu jeder Methode wurden entsprechende Kopiervorlagen erstellt, die sich ohne weiteres in jedem Mathematikunterricht problemlos einsetzen lassen.

Probieren Sie es doch einfach einmal aus.

Viel Erfolg wünschen Ihnen der Aulis Verlag und Hans J. Schmidt

---

[1] Kernlehrplan für die Realschule in Nordrhein-Westfalen Mathematik, Frechen, 2004; S. 11

Find someone who knows ...

Bei dieser Methode gehen Schüler mit einem Arbeitsblatt im Raum umher, um andere Schüler zu finden, die ihnen die Fragen auf den Arbeitsblättern beantworten können. Sie lernen dabei voneinander und miteinander, stellen sich gegenseitig ihr Wissen zur Verfügung und können so zu einem optimalen Gesamtergebnis für alle kommen. Die Antwort auf die Fragen werden aufgeschrieben und der Antwortgeber »unterschreibt« die beantwortete Frage. Abwechselnd sind die Schüler einmal Antwortende, dann Interviewer.

Denkbar ist auch, dass die hier abgedruckten Arbeitsblätter in einzelne Abschnitte zerteilt werden, um die Zeit der Umfrage in der Klasse zu verkürzen. Es muss darauf geachtet werden, dass möglichst alle Fragen von unterschiedlichen Schülern beantwortet werden.

Die Arbeitsblätter dienen vorwiegend zur Vertiefung und Festigung von Stoffgebieten, die im Unterricht behandelt wurden. Sie können aber auch sinnvoll in Vertretungsstunden genutzt werden, um Wissen, dass in vergangenen Schuljahren erworben wurde, wieder »aufzufrischen«.

Teiler und Vielfache

Kooperatives Lernen Klasse 5/6

Wo finde ich jemanden, der ...
mir sagt, was eine Primzahl ist?

Name: _____

Wo finde ich jemanden, der ...
mir sagt, warum 2781234 durch 9 teilbar ist?

Name: _____

Wo finde ich jemanden, der ...
mir sagt, was das kleinste gemeinsame Vielfache von 8 und 14 ist?

Name: _____

Wo finde ich jemanden, der ...
mir sagt, was der größte gemeinsame Teiler von 18 und 66 ist?

Name: _____

Wo finde ich jemanden, der ...
mir sagt, wann zwei Zahlen teilerfremd sind?

Name: _____

Wo finde ich jemanden, der ...
mir sagt, wann eine Zahl durch 4 teilbar ist?

Name: _____

Wo finde ich jemanden, der ...
mir die Zahl 112 in ihre Primfaktoren zerlegt?

Name: _____

Wo finde ich jemanden, der ...
mir die ersten zwölf Primzahlen nennt?

Name: _____

Teiler und Vielfache

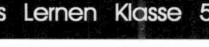

○ Wo finde ich jemanden, der ...

mir sagt, was eine Primzahl ist?

Eine Primzahl ist eine Zahl,
die genau zwei Teiler hat,
die 1 und sich selbst.

Name: _____

○ Wo finde ich jemanden, der ...

mir sagt, warum 2781234 durch 9 teilbar ist?

2781234 hat die Quersumme 27.
Da eine Zahl durch 9 teilbar ist, wenn ihre Quersumme durch 9 teilbar ist, lässt sich 2781234 ohne Rest durch 9 teilen.

Name: _____

○ Wo finde ich jemanden, der ...

mir sagt, was das kleinste gemeinsame Vielfache von 8 und 14 ist?

$V_8 = \{8, 16, 24, 32, 40, 48, 56, 64, ...\}$

$V_{14} = \{14, 28, 42, 56, 70, ...\}$

kgV(8; 14) = 56

Name: _____

○ Wo finde ich jemanden, der ...

mir sagt, was der größte gemeinsame Teiler von 18 und 66 ist?

$T_{18} = \{1; 2; 3; 6; 9; 18\}$

$T_{66} = \{1; 2; 3; 6; 11; 22; 33; 66\}$

ggT(18; 66) = 6

Name: _____

○ Wo finde ich jemanden, der ...

mir sagt, wann zwei Zahlen teilerfremd sind?

Zwei Zahlen sind teilerfremd, wenn ihr größter gemeinsamer Teiler 1 ist.

Name: _____

○ Wo finde ich jemanden, der ...

mir sagt, wann eine Zahl durch 4 teilbar ist?

Eine Zahl ist durch 4 teilbar, wenn die Zahl aus den letzten beiden Ziffern durch 4 teilbar ist, sonst nicht.

Name: _____

○ Wo finde ich jemanden, der ...

mir die Zahl 112 in ihre Primfaktoren zerlegt?

$112 = 2 \cdot 56$

$112 = 2 \cdot 2 \cdot 28$

$112 = 2 \cdot 2 \cdot 2 \cdot 14$

$112 = 2 \cdot 2 \cdot 2 \cdot 2 \cdot 7 = 2^4 \cdot 7^1$

Name: _____

○ Wo finde ich jemanden, der ...

mir die ersten zwölf Primzahlen nennt?

2; 3; 5; 7, 11; 13; 17; 19; 23; 29; 31; 37

Name: _____

Bruchzahlen I

Wo finde ich jemanden, der ...
mir die gekennzeichneten Anteile mit einem einfachen Bruch angeben kann?

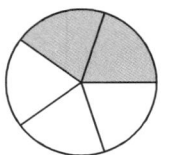 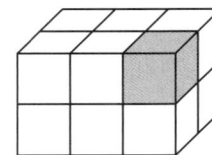 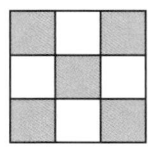

a)   b)   c)

Name: _____

Wo finde ich jemanden, der ...
mir die gekennzeichneten Anteil in Prozent angeben kann?

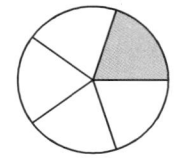 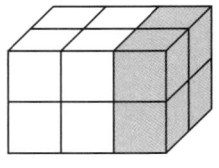 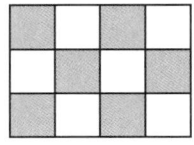

a)   b)   c)

Name: _____

Wo finde ich jemanden, der ...
mir die angegebenen Anteile färbt?

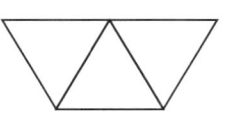 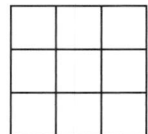 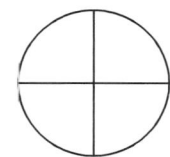

a) $\frac{1}{3}$ b) $\frac{5}{9}$ c) $\frac{3}{4}$

Name: _____

Wo finde ich jemanden, der ...
mir die unechten Brüche in gemischter Schreibweise angeben kann?

a) $\frac{8}{3}$ b) $\frac{13}{4}$ c) $\frac{7}{2}$

d) $\frac{12}{5}$ e) $\frac{17}{6}$ f) $\frac{23}{7}$

Name: _____

Wo finde ich jemanden, der ...
mir sagen kann, wie viel den Brüchen zu einem Ganzen fehlt?

a) $\frac{2}{3}$ b) $\frac{1}{4}$ c) $\frac{2}{5}$

d) $\frac{3}{7}$ e) $\frac{1}{6}$ f) $\frac{7}{8}$

Name: _____

Wo finde ich jemanden, der ...
mir sagen kann, was mehr ist?

a) $\frac{1}{3}$ von 27 €   oder $\frac{1}{4}$ von 44 €
b) $\frac{2}{3}$ von 630 kg oder $\frac{3}{4}$ von 480 kg
c) $\frac{1}{5}$ von 100 m   oder $\frac{1}{4}$ von 92 m
d) $\frac{3}{5}$ von 1 km   oder $\frac{5}{8}$ von 800 m

Name: _____

Wo finde ich jemanden, der ...
mir die Lösung zu dieser Aufgabe liefert?

Von den 30 Schülerinnen und Schülern einer Klasse kommen 12 Kinder mit dem Bus zur Schule. Gib den Anteil in Prozent an.

Name: _____

Wo finde ich jemanden, der ...
mir die Lösung zu dieser Aufgabe liefert?

Bei der Wahl des Klassensprechers wurde eine Strichliste gemacht. Wie viel Prozent erhielten die einzelnen Kandidaten?

Michaela ‖‖‖‖ ‖‖‖‖
Aise   ‖‖‖‖ ‖‖‖‖ ‖‖‖‖
Dirk   ‖‖‖‖ |

Name: _____

Bruchzahlen I

Wo finde ich jemanden, der ...
mir die gekennzeichneten Anteile mit einem einfachen Bruch angeben kann?

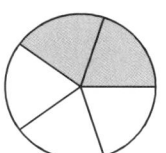 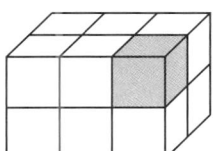 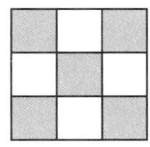

a) $\frac{2}{5}$ b) $\frac{1}{12}$ c) $\frac{5}{9}$

Name: _____

Wo finde ich jemanden, der ...
mir die gekennzeichneten Anteil in Prozent angeben kann?

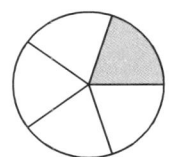 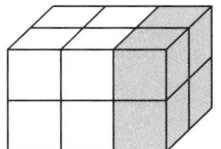

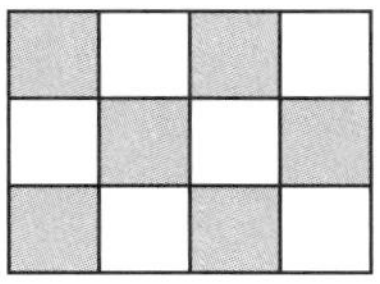

a) 20 %   b) $33\frac{1}{3}$ %   c) 50 %

Name: _____

Wo finde ich jemanden, der ...
mir die angegebenen Anteile färbt?

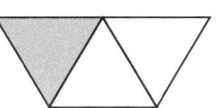 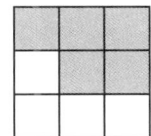 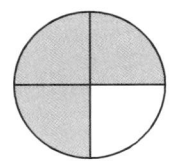

a) $\frac{1}{3}$ b) $\frac{5}{9}$ c) $\frac{3}{4}$

Name: _____

Wo finde ich jemanden, der ...
mir die unechten Brüche in gemischter Schreibweise angeben kann?

a) $\frac{8}{3}$ $2\frac{2}{3}$ b) $\frac{13}{4}$ $3\frac{1}{4}$ c) $\frac{7}{2}$ $3\frac{1}{2}$

d) $\frac{12}{5}$ $2\frac{2}{5}$ e) $\frac{17}{6}$ $3\frac{1}{6}$ f) $\frac{23}{7}$ $3\frac{2}{7}$

Name: _____

Wo finde ich jemanden, der ...
mir sagen kann, wie viel den Brüchen zu einem Ganzen fehlt?

a) $\frac{2}{3}$ $\frac{1}{3}$ b) $\frac{1}{4}$ $\frac{3}{4}$ c) $\frac{2}{5}$ $\frac{3}{5}$

d) $\frac{3}{7}$ $\frac{4}{7}$ e) $\frac{1}{6}$ $\frac{5}{6}$ f) $\frac{7}{8}$ $\frac{1}{8}$

Name: _____

Wo finde ich jemanden, der ...
mir sagen kann, was mehr ist?

a) $\frac{1}{3}$ von 27 €   oder $\boxed{\frac{1}{4}$ von 44 €}$

b) $\boxed{\frac{2}{3}$ von 630 kg}$ oder $\frac{3}{4}$ von 480 kg

c) $\frac{1}{5}$ von 100 m   oder $\boxed{\frac{1}{4}$ von 92 m}$

d) $\boxed{\frac{3}{5}$ von 1 km}$ oder $\frac{5}{8}$ von 800 m

Name: _____

Wo finde ich jemanden, der ...
mir die Lösung zu dieser Aufgabe liefert?

Von den 30 Schülerinnen und Schülern einer Klasse kommen 12 Kinder mit dem Bus zur Schule. Gib den Anteil in Prozent an.

$\frac{12}{30} = \frac{2}{5} = 40\%$

Name: _____

Wo finde ich jemanden, der ...
mir die Lösung zu dieser Aufgabe liefert?

Bei der Wahl des Klassensprechers wurde eine Strichliste gemacht. Wie viel Prozent erhielten die einzelnen Kandidaten?

Michaela ||||‌ |||| $\frac{9}{30} = 30\%$

Aise |||| |||| |||| $\frac{15}{30} = 50\%$

Dirk |||| | $\frac{6}{30} = 20\%$

Name: _____

Bruchzahlen II

Wo finde ich jemanden, der ...

mir sagt, wo die angegebenen Brüche auf dem Zahlenstrahl zu finden sind?

a) $\frac{1}{3}$ b) $\frac{1}{5}$ c) $\frac{5}{6}$ d) $\frac{1}{10}$ e) $\frac{11}{15}$ f) $\frac{1}{2}$

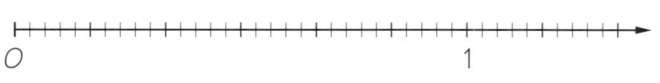

Name: _____

Wo finde ich jemanden, der ...

mir sagt, wie die auf dem Zahlenstrahl markierten Bruchzahlen heißen?

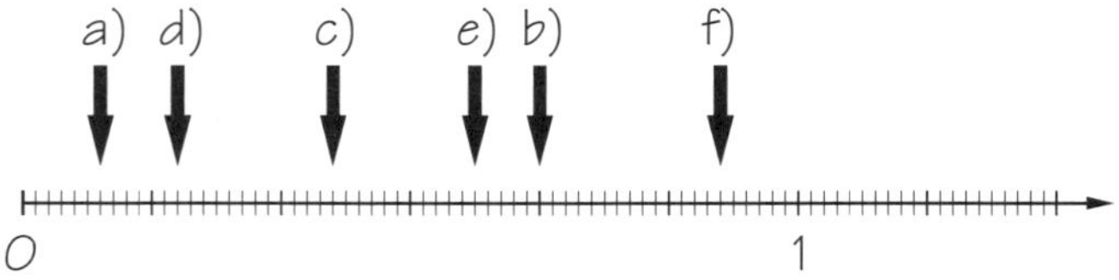

a) d) c) e) b) f)

a) ☐ b) ☐ c) ☐ d) ☐ e) ☐ f) ☐

Name: _____

Wo finde ich jemanden, der ...

mir sagt, welche Bruchzahl genau in der Mitte zwischen den gegebenen Zahlen liegt?

a) $2\frac{1}{2}$ und 3

b) $3\frac{4}{9}$ und $4\frac{1}{9}$

c) $1\frac{3}{5}$ und $1\frac{4}{5}$

Name: _____

Wo finde ich jemanden, der ...

mir sagt, ob <, > oder = eingesetzt werden muss?

a) $\frac{1}{4}$ ☐ $\frac{1}{5}$ d) $2\frac{1}{2}$ ☐ $2\frac{4}{7}$

b) $\frac{3}{5}$ ☐ $\frac{3}{4}$ e) $3\frac{4}{9}$ ☐ $3\frac{3}{5}$

c) $4\frac{5}{6}$ ☐ $4\frac{5}{12}$ f) $1\frac{3}{5}$ ☐ $1\frac{4}{7}$

Name: _____

Wo finde ich jemanden, der ...

die beiden Brüche addieren kann?

a) $\frac{2}{3} + \frac{1}{4}$ b) $\frac{2}{5} + \frac{5}{6}$ c) $\frac{1}{2} + \frac{3}{8}$

Name: _____

Wo finde ich jemanden, der ...

die drei Brüche addieren kann?

a) $\frac{1}{6} + \frac{3}{12} + \frac{1}{5}$ b) $\frac{5}{8} + \frac{3}{4} + \frac{1}{3}$ c) $\frac{1}{2} + \frac{5}{6} + \frac{7}{10}$

Name: _____

Wo finde ich jemanden, der ...

mir die Lösung zu diesen Aufgaben liefert?

a) $2\frac{4}{9} + 3\frac{2}{3} + 1\frac{5}{6}$

b) $7\frac{4}{5} + 2\frac{1}{2} + 4\frac{5}{8}$

Name: _____

Wo finde ich jemanden, der ...

mir sagt, welche Bruchzahlen in die leeren Kästchen gehören?

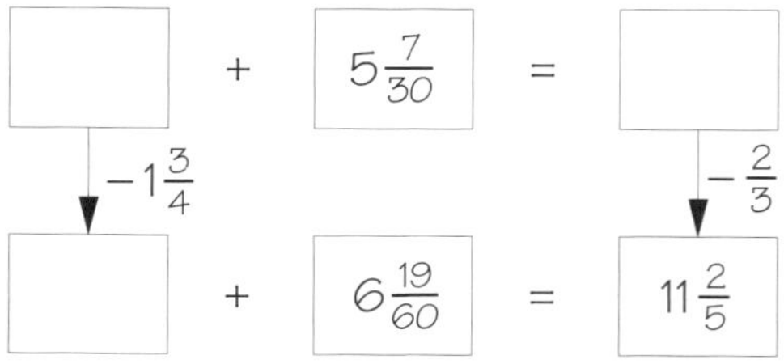

☐ + $5\frac{7}{30}$ = ☐

↓ $-1\frac{3}{4}$ ↓ $-\frac{2}{3}$

☐ + $6\frac{19}{60}$ = $11\frac{2}{5}$

Name: _____

Bruchzahlen II

Wo finde ich jemanden, der ...
mir sagt, wo die angegebenen Brüche auf dem Zahlenstrahl zu finden sind?

a) $\frac{1}{3}$ b) $\frac{1}{5}$ c) $\frac{5}{6}$ d) $\frac{1}{10}$ e) $\frac{11}{15}$ f) $\frac{1}{2}$

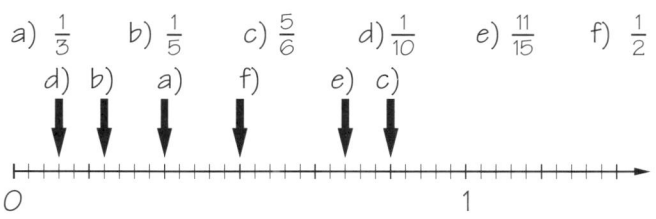

Name: _____

Wo finde ich jemanden, der ...
mir sagt, wie die auf dem Zahlenstrahl markierten Bruchzahlen heißen?

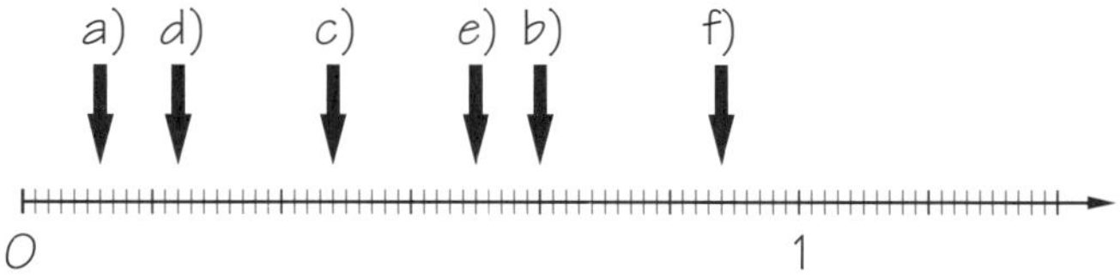

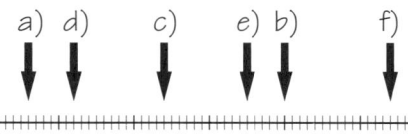

a) $\boxed{\frac{1}{10}}$ b) $\boxed{\frac{2}{3}}$ c) $\boxed{\frac{2}{5}}$ d) $\boxed{\frac{1}{5}}$ e) $\boxed{\frac{7}{12}}$ f) $\boxed{\frac{9}{10}}$

Name: _____

Wo finde ich jemanden, der ...
mir sagt, welche Bruchzahl genau in der Mitte zwischen den gegebenen Zahlen liegt?

a) $2\frac{1}{2}$ und 3 $2\frac{3}{4}$

b) $3\frac{4}{9}$ und $4\frac{1}{9}$ $3\frac{7}{9}$

c) $1\frac{3}{5}$ und $1\frac{4}{5}$ $1\frac{7}{10}$

Name: _____

Wo finde ich jemanden, der ...
mir sagt, ob <, > oder = eingesetzt werden muss?

a) $\frac{1}{4}$ $\boxed{>}$ $\frac{1}{5}$ d) $2\frac{1}{2}$ $\boxed{<}$ $2\frac{4}{7}$

b) $\frac{3}{5}$ $\boxed{<}$ $\frac{3}{4}$ e) $3\frac{4}{9}$ $\boxed{<}$ $3\frac{3}{5}$

c) $4\frac{5}{6}$ $\boxed{>}$ $4\frac{5}{12}$ f) $1\frac{3}{5}$ $\boxed{>}$ $1\frac{4}{7}$

Name: _____

Wo finde ich jemanden, der ...
die beiden Brüche addieren kann?

a) $\frac{2}{3} + \frac{1}{4}$ b) $\frac{2}{5} + \frac{5}{6}$ c) $\frac{1}{2} + \frac{3}{8}$

$\frac{8}{12} + \frac{3}{12} = \frac{11}{12}$ $\qquad$ $\frac{4}{8} + \frac{3}{8} = \frac{7}{8}$

$\frac{12}{30} + \frac{25}{30} = 1\frac{7}{30}$

Name: _____

Wo finde ich jemanden, der ...
die drei Brüche addieren kann?

a) $\frac{1}{6} + \frac{3}{12} + \frac{1}{5}$ b) $\frac{5}{8} + \frac{3}{4} + \frac{1}{3}$ c) $\frac{1}{2} + \frac{5}{6} + \frac{7}{10}$

$\frac{10}{60} + \frac{15}{60} + \frac{12}{60} = \frac{37}{60}$ $\qquad$ $\frac{15}{30} + \frac{25}{30} + \frac{21}{30} = 2\frac{1}{30}$

$\frac{15}{24} + \frac{18}{24} + \frac{8}{24} = 1\frac{17}{24}$

Name: _____

Wo finde ich jemanden, der ...
mir die Lösung zu diesen Aufgaben liefert?

a) $2\frac{4}{9} + 3\frac{2}{3} + 1\frac{5}{6}$

$2\frac{8}{18} + 3\frac{12}{18} + 1\frac{15}{18} = 6\frac{35}{18} = 7\frac{17}{18}$

b) $7\frac{4}{5} + 2\frac{1}{2} + 4\frac{5}{8}$

$7\frac{32}{40} + 2\frac{20}{40} + 4\frac{25}{40} = 13\frac{77}{40} = 14\frac{37}{40}$

Name: _____

Wo finde ich jemanden, der ...
mir sagt, welche Bruchzahlen in die leeren Kästchen gehören?

$\boxed{6\frac{5}{6}}$ + $\boxed{5\frac{7}{30}}$ = $\boxed{12\frac{1}{15}}$

$\downarrow -1\frac{3}{4}$ $\qquad\qquad\qquad$ $\downarrow -\frac{2}{3}$

$\boxed{5\frac{1}{12}}$ + $\boxed{6\frac{19}{60}}$ = $\boxed{11\frac{2}{5}}$

Name: _____

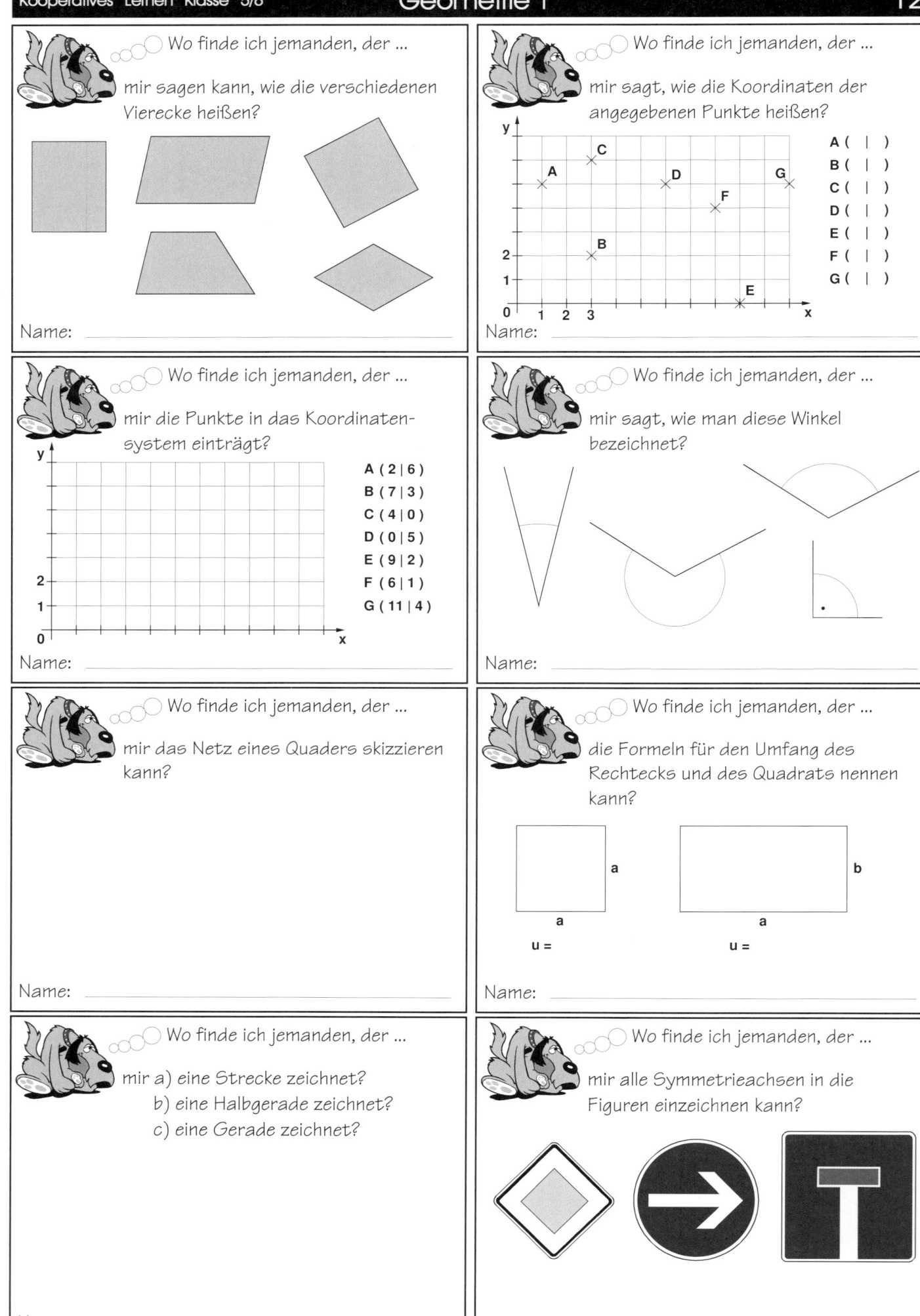

Geometrie I

Kooperatives Lernen Klasse 5/6 — 13

Wo finde ich jemanden, der ...

mir sagen kann, wie die verschiedenen Vierecke heißen?

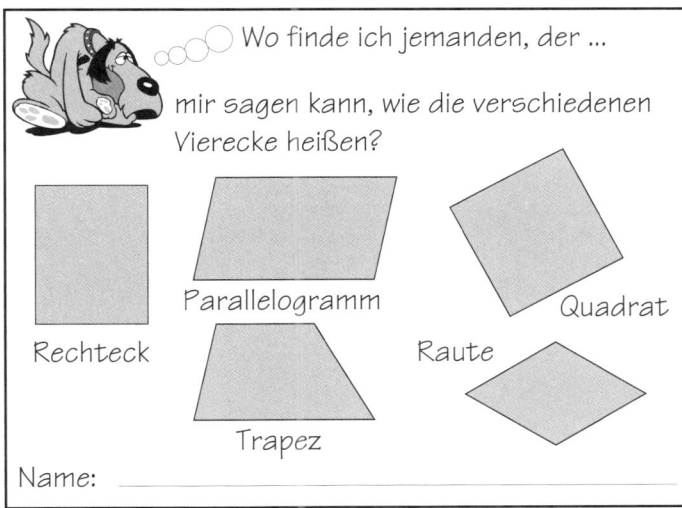

Name: _____

Wo finde ich jemanden, der ...

mir sagt, wie die Koordinaten der angegebenen Punkte heißen?

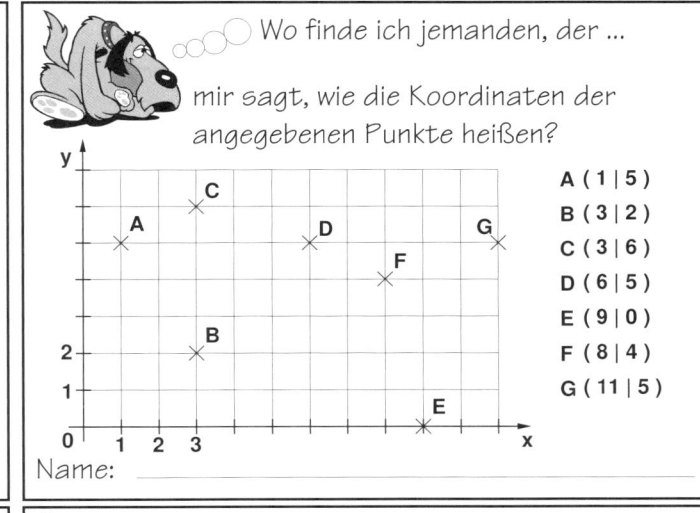

A (1 | 5)
B (3 | 2)
C (3 | 6)
D (6 | 5)
E (9 | 0)
F (8 | 4)
G (11 | 5)

Name: _____

Wo finde ich jemanden, der ...

mir die Punkte in das Koordinatensystem einträgt?

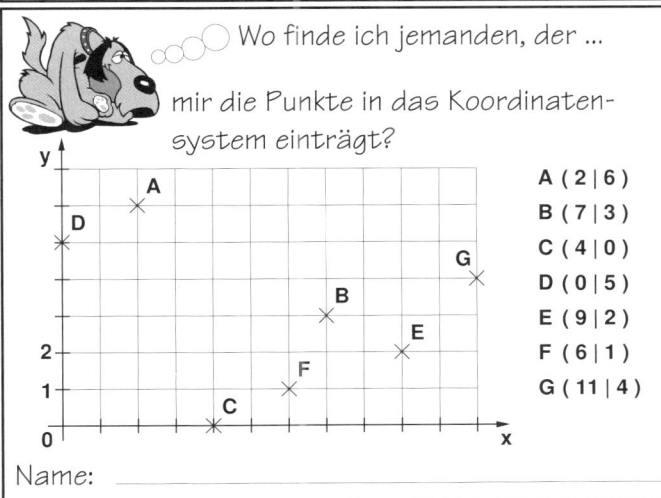

A (2 | 6)
B (7 | 3)
C (4 | 0)
D (0 | 5)
E (9 | 2)
F (6 | 1)
G (11 | 4)

Name: _____

Wo finde ich jemanden, der ...

mir sagt, wie man diese Winkel bezeichnet?

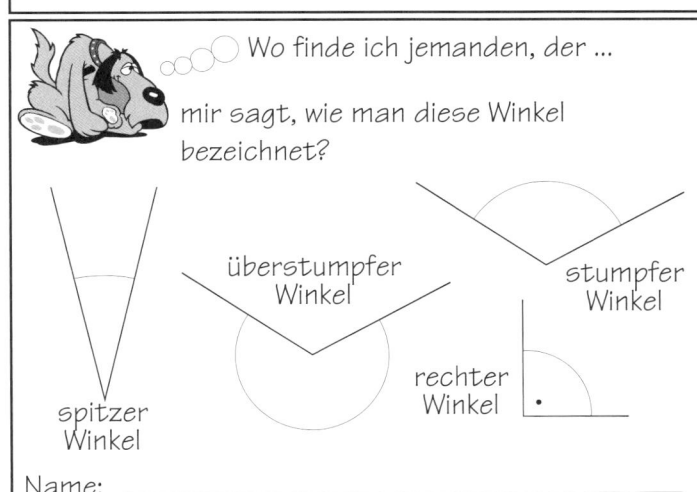

Name: _____

Wo finde ich jemanden, der ...

mir das Netz eines Quaders skizzieren kann?

Name: _____

Wo finde ich jemanden, der ...

die Formeln für den Umfang des Rechtecks und des Quadrats nennen kann?

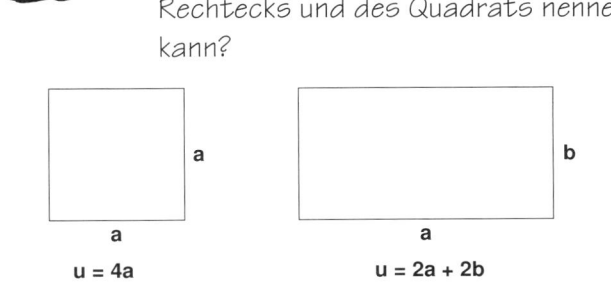

$u = 4a$ $u = 2a + 2b$

Name: _____

Wo finde ich jemanden, der ...

mir a) eine Strecke zeichnet?
b) eine Halbgerade zeichnet?
c) eine Gerade zeichnet?

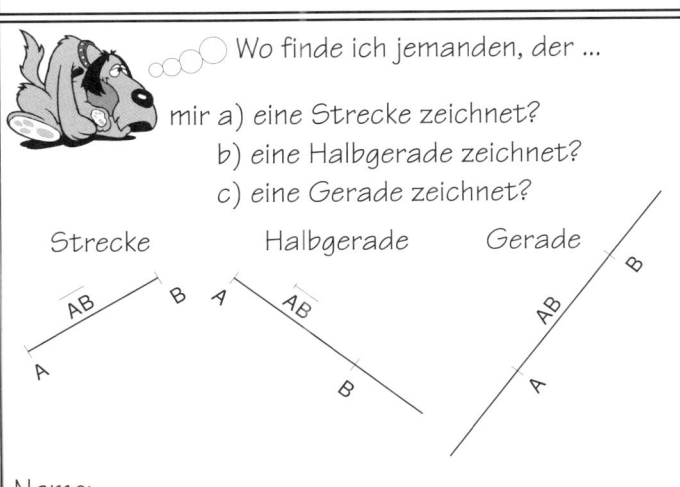

Name: _____

Wo finde ich jemanden, der ...

mir alle Symmetrieachsen in die Figuren einzeichnen kann?

Name: _____

Geometrie II

○○○ Wo finde ich jemanden, der ...

mir sagen kann, wie die verschiedenen Körper heißen?

Name: _____

○○○ Wo finde ich jemanden, der ...

mir beim Ausfüllen der Tabelle hilft?

Körper	Anzahl der Ecken	Anzahl der Kanten	Anzahl der Flächen
Würfel			
Quader			
Kegel			
Kugel			

Name: _____

○○○ Wo finde ich jemanden, der ...

mir sagt, wie groß die einzelnen Winkel sind?

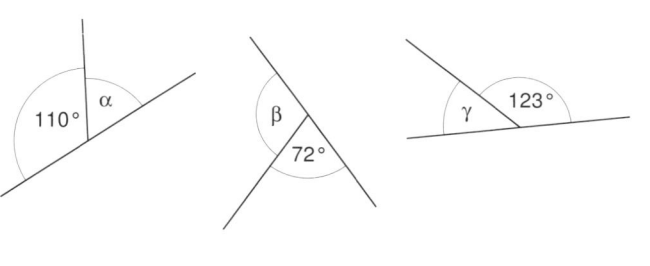

Name: _____

○○○ Wo finde ich jemanden, der ...

mir sagt, wie groß die einzelnen Winkel sind? Die Geraden g und h sind parallel.

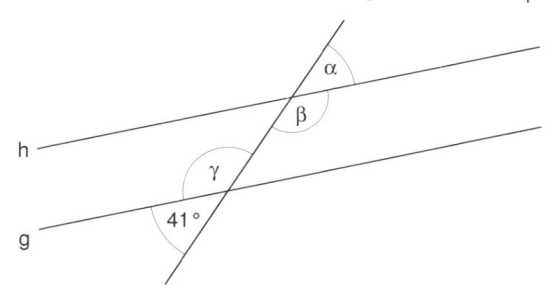

Name: _____

○○○ Wo finde ich jemanden, der ...

mir sagen kann, wie groß die einzelnen Winkel sind. Es ist g ∥ h und m ∥ n.

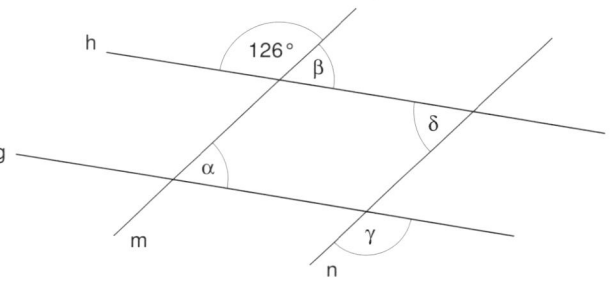

Name: _____

○○○ Wo finde ich jemanden, der ...

mir sagt, wie groß die einzelnen Winkel sind?

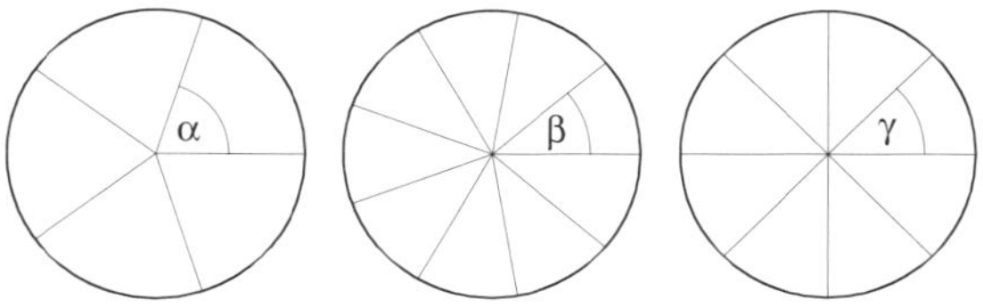

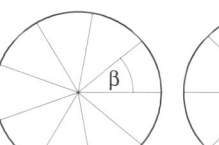

Name: _____

○○○ Wo finde ich jemanden, der ...

mir das Netz einer quadratischen Pyramide skizzieren kann?

Name: _____

○○○ Wo finde ich jemanden, der ...

die Formeln für den Flächeninhalt des Rechtecks und des Quadrats nennen kann?

A =   A =

Name: _____

Geometrie II

Wo finde ich jemanden, der ... mir sagen kann, wie die verschiedenen Körper heißen?

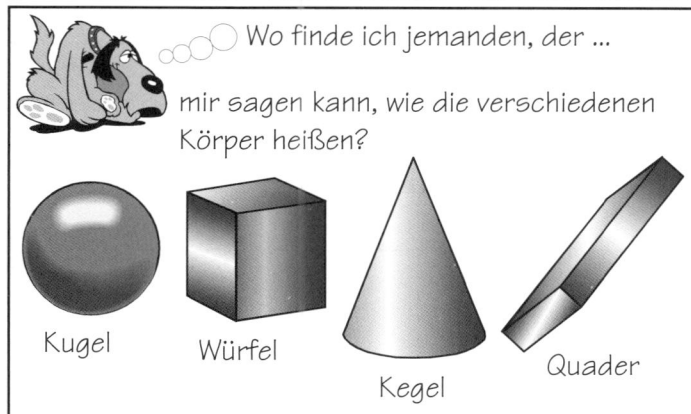

Kugel — Würfel — Kegel — Quader

Name: _____

Wo finde ich jemanden, der ... mir beim Ausfüllen der Tabelle hilft?

Körper	Anzahl der Ecken	Anzahl der Kanten	Anzahl der Flächen
Würfel	8	12	6
Quader	8	12	6
Kegel	1	1	2
Kugel	0	0	1

Name: _____

Wo finde ich jemanden, der ... mir sagt, wie groß die einzelnen Winkel sind?

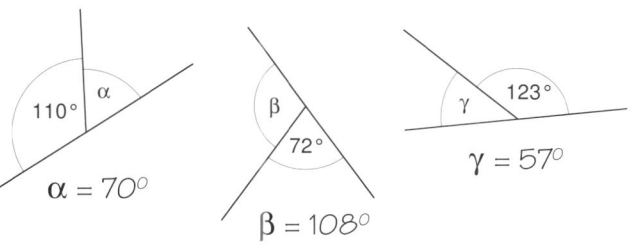

$\alpha = 70°$
$\beta = 108°$
$\gamma = 57°$

Name: _____

Wo finde ich jemanden, der ... mir sagt, wie groß die einzelnen Winkel sind? Die Geraden g und h sind parallel.

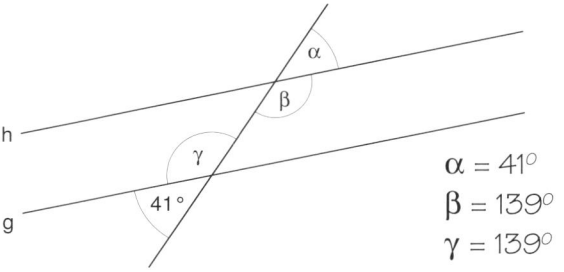

$\alpha = 41°$
$\beta = 139°$
$\gamma = 139°$

Name: _____

Wo finde ich jemanden, der ... mir sagen kann, wie groß die einzelnen Winkel sind. Es ist g ∥ h und m ∥ n.

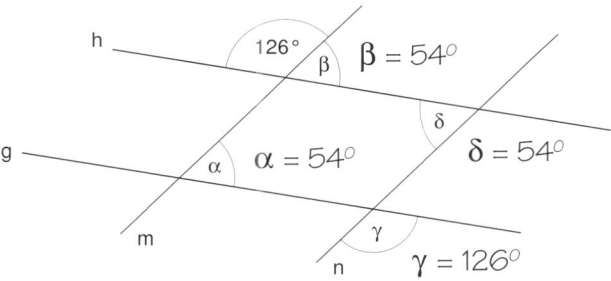

$\beta = 54°$
$\alpha = 54°$
$\delta = 54°$
$\gamma = 126°$

Name: _____

Wo finde ich jemanden, der ... mir sagt, wie groß die einzelnen Winkel sind?

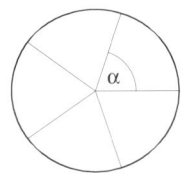 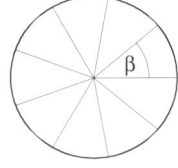

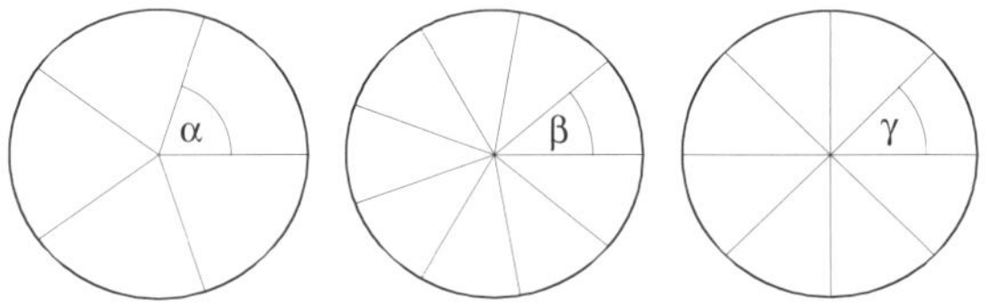

$\alpha = 72°$ $\beta = 40°$ $\gamma = 45°$

Name: _____

Wo finde ich jemanden, der ... mir das Netz einer quadratischen Pyramide skizzieren kann?

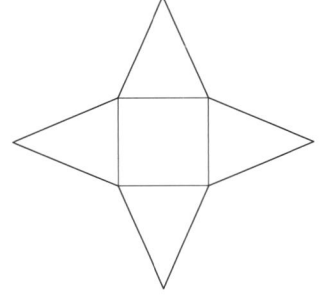

Name: _____

Wo finde ich jemanden, der ... die Formeln für den Flächeninhalt des Rechtecks und des Quadrats nennen kann?

$A = a^2$ $A = a \cdot b$

Name: _____

Dezimalzahlen I

Wo finde ich jemanden, der ... mir die Dezimalzahlen auf der Zahlengeraden eintragen kann?

a) 0,08 b) 0,22 c) 0,5 d) 0,98 e) 1,2 f) 1,35

|——————————————————————|
0   1

Name: _____

Wo finde ich jemanden, der ... mir sagt, welche Dezimalzahlen auf dem Zahlenstrahl markiert wurden?

a)   c) d)   b) e)   f)

|——————————————————————|
1   2

a)   b)   c)   d)   e)   f)

Name: _____

Wo finde ich jemanden, der ... mir sagt, ob <, > oder = eingesetzt werden muss?

a) 0,4 □ $\frac{2}{5}$ d) 2,36 □ $2\frac{3}{10}$

b) 0,02 □ 0,12   e) 0,03 □ $\frac{3}{1000}$

c) 0,45 □ $\frac{55}{100}$ f) 0,007 □ $\frac{7}{100}$

Name: _____

Wo finde ich jemanden, der ... mir diese Dezimalzahlen der Größe nach aufsteigend anordnen kann?

4,9   0,94   4,09   4,094   4,0099   4,309

___ < ___ < ___ < ___ < ___ < ___

Name: _____

Wo finde ich jemanden, der ... mir die Brüche in Dezimalzahlen umwandeln kann?

a) $\frac{3}{4}$ ____   d) $\frac{2}{5}$ ____

b) $\frac{1}{2}$ ____   e) $\frac{7}{10}$ ____

c) $\frac{3}{8}$ ____   f) $\frac{3}{100}$ ____

Name: _____

Wo finde ich jemanden, der ... mir die Dezimalzahlen in Brüche umwandeln kann?

a) 0,3 ____   d) 0,07 ____

b) 0,25 ____   e) 0,003 ____

c) 0,785 ____   f) 0,6 ____

Name: _____

Wo finde ich jemanden, der ... mir die Prozentangaben als Dezimalzahl und als gekürzten Bruch angibt?

a) 70 % ____ ____

b) 50 % ____ ____

c) 12,5 % ____ ____

Name: _____

Wo finde ich jemanden, der ... die Dezimalzahlen auf eine Stelle nach dem Komma runden kann?

a) 13,36 ____   d) 0,062 ____

b) 17,04 ____   e) 1,349 ____

c) 29,95 ____   f) 1,092 ____

Name: _____

Dezimalzahlen I

○ Wo finde ich jemanden, der …

mir die Dezimalzahlen auf der Zahlengeraden eintragen kann?

a) 0,08 b) 0,22 c) 0,5 d) 0,98 e) 1,2 f) 1,35

Name: _____

○ Wo finde ich jemanden, der …

mir sagt, welche Dezimalzahlen auf dem Zahlenstrahl markiert wurden?

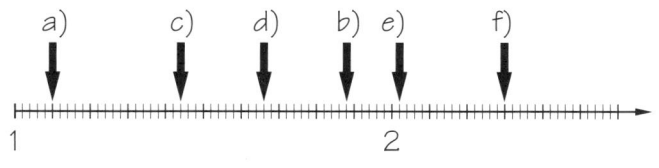

a) 1,1 b) 1,88 c) 1,44 d) 1,66 e) 2,02 f) 2,3

Name: _____

○ Wo finde ich jemanden, der …

mir sagt, ob <, > oder = eingesetzt werden muss?

a) $0,4 \;\boxed{=}\; \frac{2}{5}$ d) $2,36 \;\boxed{>}\; 2\frac{3}{10}$

b) $0,02 \;\boxed{<}\; 0,12$ e) $0,03 \;\boxed{>}\; \frac{3}{1000}$

c) $0,45 \;\boxed{<}\; \frac{55}{100}$ f) $0,007 \;\boxed{<}\; \frac{7}{100}$

Name: _____

○ Wo finde ich jemanden, der …

mir diese Dezimalzahlen der Größe nach aufsteigend anordnen kann?

4,9 0,94 4,09 4,094 4,0099 4,309

0,94 < 4,0099 < 4,09 < 4,094 < 4,309 < 4,9

Name: _____

○ Wo finde ich jemanden, der …

mir die Brüche in Dezimalzahlen umwandeln kann?

a) $\frac{3}{4}$ $\boxed{0,75}$ d) $\frac{2}{5}$ $\boxed{0,4}$

b) $\frac{1}{2}$ $\boxed{0,5}$ e) $\frac{7}{10}$ $\boxed{0,7}$

c) $\frac{3}{8}$ $\boxed{0,375}$ f) $\frac{3}{100}$ $\boxed{0,03}$

Name: _____

○ Wo finde ich jemanden, der …

mir die Dezimalzahlen in Brüche umwandeln kann?

a) 0,3 $\boxed{\frac{3}{10}}$ d) 0,07 $\boxed{\frac{7}{100}}$

b) 0,25 $\boxed{\frac{1}{4}}$ e) 0,003 $\boxed{\frac{3}{1000}}$

c) 0,785 $\boxed{\frac{3}{8}}$ f) 0,6 $\boxed{\frac{3}{5}}$

Name: _____

○ Wo finde ich jemanden, der …

mir die Prozentangaben als Dezimalzahl und als gekürzten Bruch angibt?

a) 70 % $\boxed{0,7}$ $\boxed{\frac{7}{10}}$

b) 50 % $\boxed{0,5}$ $\boxed{\frac{1}{2}}$

c) 12,5 % $\boxed{0,125}$ $\boxed{\frac{1}{8}}$

Name: _____

○ Wo finde ich jemanden, der …

die Dezimalzahlen auf eine Stelle nach dem Komma runden kann?

a) 13,36 $\boxed{13,4}$ d) 0,062 $\boxed{0,1}$

b) 17,04 $\boxed{17,0}$ e) 1,349 $\boxed{1,3}$

c) 29,95 $\boxed{30,0}$ f) 1,092 $\boxed{1,1}$

Name: _____

Dezimalzahlen II

Wo finde ich jemanden, der ...

mir die fehlenden Ziffern ergänzen kann?

```
  3 4 ☆, 7 4 ☆          ☆ 2 3 , 5   7
+   9 4 3 , 7 ☆ 3      -   6 ☆ , 7 6 ☆
─────────────          ─────────────
  3 ☆ 9 0 , ☆ 1 2        3 4 1 , ☆ 8 8
```

Name: _____

Wo finde ich jemanden, der ...

mir sagt, wie man folgende Angaben ohne Komma schreiben kann?

a) 7,45 km
b) 11,5 kg
c) 1,3 ℓ
d) 0,75 €
e) 3,7 m²
f) 0,05 dm³

Name: _____

Wo finde ich jemanden, der ...

mir vier Dezimalzahlen zwischen 2,35 und 2,36 nennen kann?

Name: _____

Wo finde ich jemanden, der ...

mir sagt, welche Zahl genau in der Mitte zwischen den beiden angegebenen Dezimalzahlen liegt?

a) 5,1 und 5,7
b) 1,5 und 1,6
c) 3,07 und 3,2
d) 3 und 4,4
e) 12,6 und 12,63
f) 1,68 und 1,75

Name: _____

Wo finde ich jemanden, der ...

mir die Angaben mit Hilfe einer Dezimalzahl in der größten verwendeten Einheit schreibt?

a) 7 € 12 Cent
b) 5 kg 47 g
c) 1 m 2 dm 5 mm
d) 8 km² 40 a
e) 3 ℓ 70 mℓ
f) 7 t 503 kg

Name: _____

Wo finde ich jemanden, der ...

mir sagt, wie groß der Umfang der abgebildeten Figuren ist?

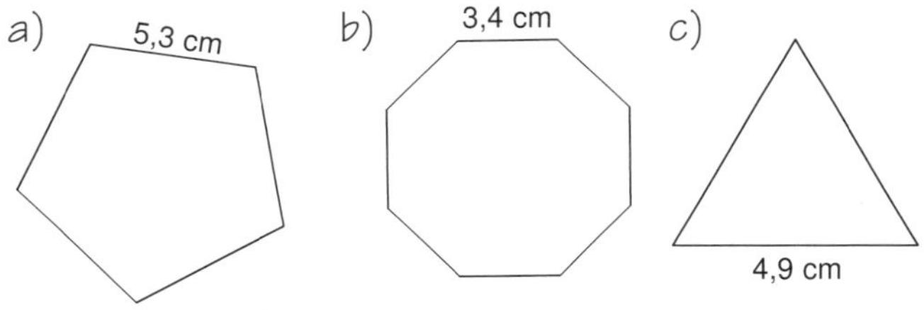

a) 5,3 cm (Fünfeck)   b) 3,4 cm (Achteck)   c) 4,9 cm (Dreieck)

Name: _____

Wo finde ich jemanden, der ...

mir sagt, wie groß der Flächeninhalt der Figuren ist?

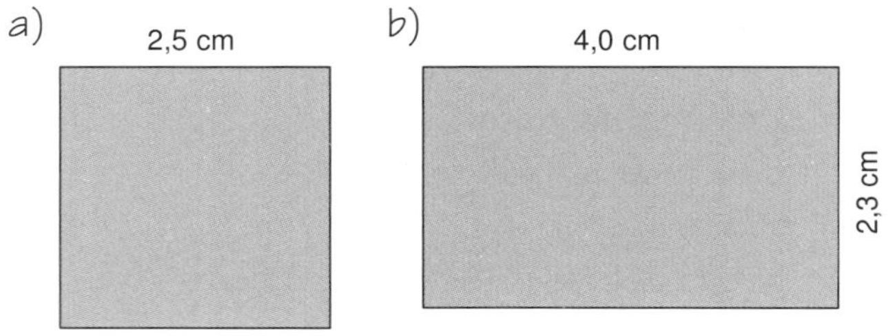

a) 2,5 cm   b) 4,0 cm × 2,3 cm

Name: _____

Wo finde ich jemanden, der ...

mir die Ergebnisse der folgenden Aufgaben sofort aufschreiben kann?

a) Das Zehnfache von 7,04
b) Das Hundertfache von 0,5
c) Das Dreifache von 0,7
d) Das Tausendfache von 1,004
e) Das Nullfache von 83,5
f) Das Hunderfache von 0,0007

Name: _____

Dezimalzahlen II

○○○ Wo finde ich jemanden, der ...

mir die fehlenden Ziffern ergänzen kann?

```
   2346,749        1203,557
 +  943,763      -  861,769
 ─────────       ─────────
   3290,512         341,788
```

Name: _____

○○○ Wo finde ich jemanden, der ...

mir sagt, wie man folgende Angaben ohne Komma schreiben kann?

a) 7,45 km   7450 m
b) 11,5 kg   11500 g
c) 1,3 ℓ   1300 mℓ
d) 0,75 €   75 Cent
e) 3,7 m²   370 dm²
f) 0,05 dm³   50 cm³

Name: _____

○○○ Wo finde ich jemanden, der ...

mir vier Dezimalzahlen zwischen 2,35 und 2,36 nennen kann?

2,351; 2,350007; 2,3509; 2,359

Name: _____

○○○ Wo finde ich jemanden, der ...

mir sagt, welche Zahl genau in der Mitte zwischen den beiden angegebenen Dezimalzahlen liegt?

a) 5,1 und 5,7   5,4
b) 1,5 und 1,6   1,55
c) 3,07 und 3,2   3,135
d) 3 und 4,4   3,7
e) 12,6 und 12,63   12,615
f) 1,68 und 1,75   1,715

Name: _____

○○○ Wo finde ich jemanden, der ...

mir die Angaben mit Hilfe einer Dezimalzahl in der größten verwendeten Einheit schreibt?

a) 7 € 12 Cent   7,12 €
b) 5 kg 47 g   5,047 kg
c) 1 m 2 dm 5 mm   1,205 m
d) 8 km² 40 a   8,004 km²
e) 3 ℓ 70 mℓ   3,070 ℓ
f) 7 t 503 kg   7,503 t

Name: _____

○○○ Wo finde ich jemanden, der ...

mir sagt, wie groß der Umfang der abgebildeten Figuren ist?

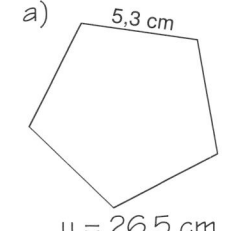

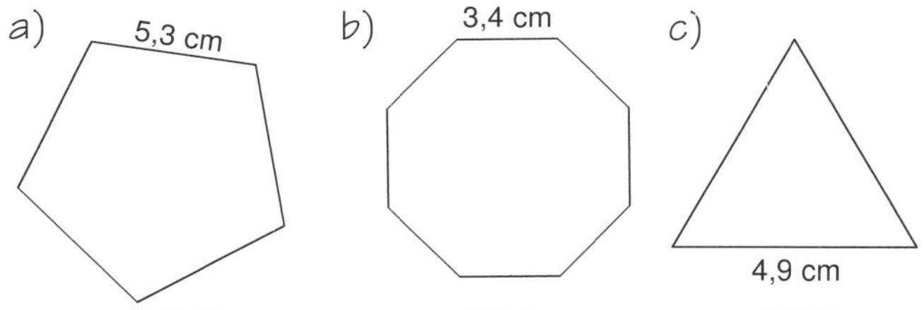

a) 5,3 cm   b) 3,4 cm   c) 4,9 cm

u = 26,5 cm   u = 27,2 cm   u = 14,7 cm

Name: _____

○○○ Wo finde ich jemanden, der ...

mir sagt, wie groß der Flächeninhalt der Figuren ist?

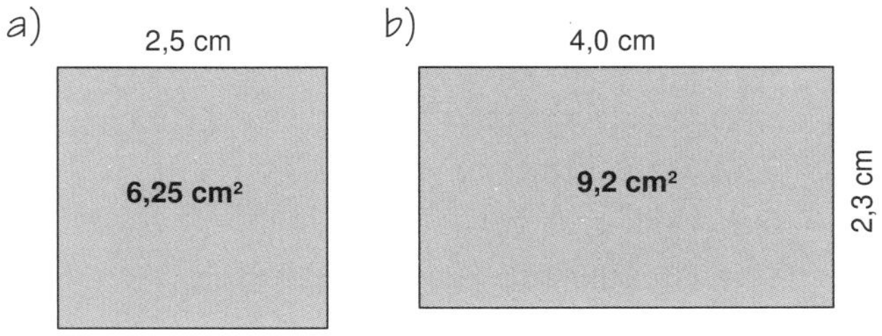

a) 2,5 cm, 6,25 cm²
b) 4,0 cm, 2,3 cm, 9,2 cm²

Name: _____

○○○ Wo finde ich jemanden, der ...

mir die Ergebnisse der folgenden Aufgaben sofort aufschreiben kann?

a) Das Zehnfache von 7,04 | 70,4
b) Das Hundertfache von 0,5 | 50
c) Das Dreifache von 0,7 | 2,1
d) Das Tausendfache von 1,004 | 1004
e) Das Nullfache von 83,5 | 0
f) Das Hunderfache von 0,0007 | 0,07

Name: _____

Größen

Kooperatives Lernen Klasse 5/6 — 20

Wo finde ich jemanden, der ...

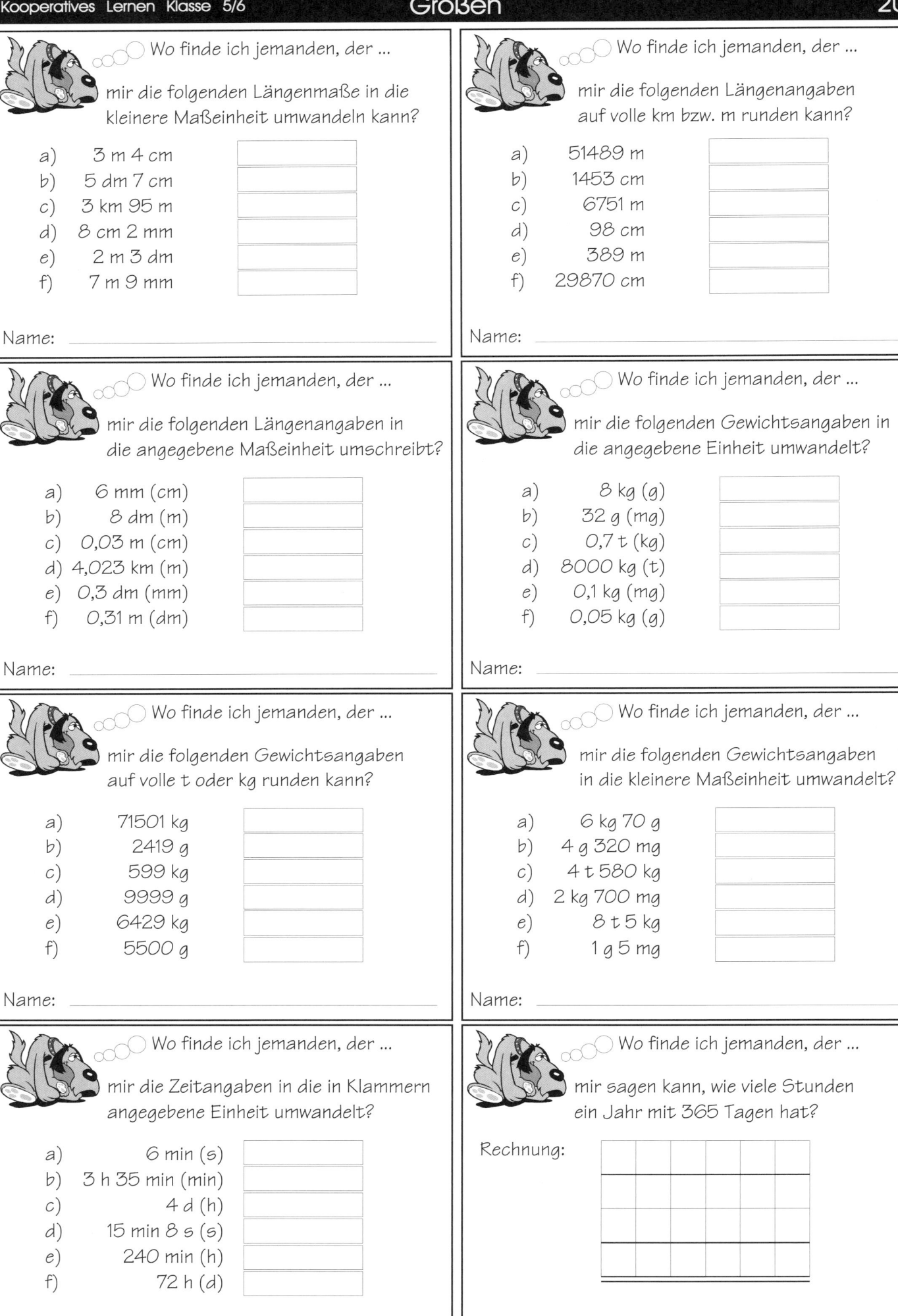

mir die folgenden Längenmaße in die kleinere Maßeinheit umwandeln kann?

a) 3 m 4 cm
b) 5 dm 7 cm
c) 3 km 95 m
d) 8 cm 2 mm
e) 2 m 3 dm
f) 7 m 9 mm

Name: _____

Wo finde ich jemanden, der ...

mir die folgenden Längenangaben auf volle km bzw. m runden kann?

a) 51489 m
b) 1453 cm
c) 6751 m
d) 98 cm
e) 389 m
f) 29870 cm

Name: _____

Wo finde ich jemanden, der ...

mir die folgenden Längenangaben in die angegebene Maßeinheit umschreibt?

a) 6 mm (cm)
b) 8 dm (m)
c) 0,03 m (cm)
d) 4,023 km (m)
e) 0,3 dm (mm)
f) 0,31 m (dm)

Name: _____

Wo finde ich jemanden, der ...

mir die folgenden Gewichtsangaben in die angegebene Einheit umwandelt?

a) 8 kg (g)
b) 32 g (mg)
c) 0,7 t (kg)
d) 8000 kg (t)
e) 0,1 kg (mg)
f) 0,05 kg (g)

Name: _____

Wo finde ich jemanden, der ...

mir die folgenden Gewichtsangaben auf volle t oder kg runden kann?

a) 71501 kg
b) 2419 g
c) 599 kg
d) 9999 g
e) 6429 kg
f) 5500 g

Name: _____

Wo finde ich jemanden, der ...

mir die folgenden Gewichtsangaben in die kleinere Maßeinheit umwandelt?

a) 6 kg 70 g
b) 4 g 320 mg
c) 4 t 580 kg
d) 2 kg 700 mg
e) 8 t 5 kg
f) 1 g 5 mg

Name: _____

Wo finde ich jemanden, der ...

mir die Zeitangaben in die in Klammern angegebene Einheit umwandelt?

a) 6 min (s)
b) 3 h 35 min (min)
c) 4 d (h)
d) 15 min 8 s (s)
e) 240 min (h)
f) 72 h (d)

Name: _____

Wo finde ich jemanden, der ...

mir sagen kann, wie viele Stunden ein Jahr mit 365 Tagen hat?

Rechnung:

Name: _____

Größen

Wo finde ich jemanden, der …
mir die folgenden Längenmaße in die kleinere Maßeinheit umwandeln kann?

a)	3 m 4 cm	304 cm
b)	5 dm 7 cm	57 cm
c)	3 km 95 m	3095 m
d)	8 cm 2 mm	82 mm
e)	2 m 3 dm	23 dm
f)	7 m 9 mm	7009 mm

Name: _____

Wo finde ich jemanden, der …
mir die folgenden Längenangaben auf volle km bzw. m runden kann?

a)	51489 m	51 km
b)	1453 cm	15 m
c)	6751 m	7 km
d)	98 cm	1 m
e)	389 m	0 km
f)	29870 cm	299 m

Name: _____

Wo finde ich jemanden, der …
mir die folgenden Längenangaben in die angegebene Maßeinheit umschreibt?

a)	6 mm (cm)	0,6 cm
b)	8 dm (m)	0,8 m
c)	0,03 m (cm)	3 cm
d)	4,023 km (m)	4023 m
e)	0,3 dm (mm)	30 mm
f)	0,31 m (dm)	3,1 dm

Name: _____

Wo finde ich jemanden, der …
mir die folgenden Gewichtsangaben in die angegebene Einheit umwandelt?

a)	8 kg (g)	8000 g
b)	32 g (mg)	32000 mg
c)	0,7 t (kg)	700 kg
d)	8000 kg (t)	8 t
e)	0,1 kg (mg)	100000 mg
f)	0,05 kg (g)	50 g

Name: _____

Wo finde ich jemanden, der …
mir die folgenden Gewichtsangaben auf volle t oder kg runden kann?

a)	71501 kg	72 t
b)	2419 g	2 kg
c)	599 kg	1 t
d)	9999 g	10 kg
e)	6429 kg	6 t
f)	5500 g	6 kg

Name: _____

Wo finde ich jemanden, der …
mir die folgenden Gewichtsangaben in die kleinere Maßeinheit umwandelt?

a)	6 kg 70 g	6070 g
b)	4 g 320 mg	4320 mg
c)	4 t 580 kg	4580 kg
d)	2 kg 700 mg	2000700 mg
e)	8 t 5 kg	8005 kg
f)	1 g 5 mg	1005 mg

Name: _____

Wo finde ich jemanden, der …
mir die Zeitangaben in die in Klammern angegebene Einheit umwandelt?

a)	6 min (s)	360 s
b)	3 h 35 min (min)	215 min
c)	4 d (h)	96 h
d)	15 min 8 s (s)	908 s
e)	240 min (h)	4 h
f)	72 h (d)	3 d

Name: _____

Wo finde ich jemanden, der …
mir sagen kann, wie viele Stunden ein Jahr mit 365 Tagen hat?

Rechnung:

3	6	5	·	2	4
			7	3	0
		1	4	6	0
		8	7	6	0

Ein Jahr hat 8760 Stunden.

Name: _____

Volumen (Maßeinheiten)

Wo finde ich jemanden, der ... mir das Volumen der beiden Körper berechnet?

(Würfel: 4 dm × 4 dm × 4 dm; Quader: 5 cm × 3,5 cm × 1 cm × 6 cm × 8 cm)

Name: _____

Wo finde ich jemanden, der ... mir die Volumenmaße in die nächstkleinere Einheit umwandelt?

a) 7 cm³
b) 8 dm³
c) 0,03 m³
d) 2,6 cm³
e) 2,07 dm³
f) 1,2 km³

Name: _____

Wo finde ich jemanden, der ... mir die Volumenmaße in der nächstgrößeren Einheit angibt?

a) 72000 mm³
b) 2000 dm³
c) 300000 cm³
d) 26000000 m³
e) 92000 dm³
f) 12000 ml

Name: _____

Wo finde ich jemanden, der ... mir sagt, ob ich <, > oder = einsetzen muss?

a) 3 m³ 40 dm³ ☐ 3400 dm³
b) 4,2 l ☐ 4200 cm³
c) 7,24 cm³ ☐ 724 mm³
d) 4 cm³ 250 mm³ ☐ 4025 mm³
e) 9,02 dm³ ☐ 9002 cm³
f) 12000 ml ☐ 12 dm³

Name: _____

Wo finde ich jemanden, der ... mir die fehlenden Angaben in der Tabelle ergänzt?

Quader	Länge	Breite	Höhe	Volumen
a)	4 dm	3 dm	8 dm	
b)	5 cm	3 cm		60 cm³
c)	8 m		3 m	96 m³
d)		2 mm	9 mm	126 mm³

Name: _____

Wo finde ich jemanden, der ... mir mindestens drei Möglichkeiten für die Kantenlängen eines Quaders nennt, der ein Volumen von 240 cm³ hat?

1. Möglichkeit a = ☐ cm; b = ☐ cm; c = ☐ cm
2. Möglichkeit a = ☐ cm; b = ☐ cm; c = ☐ cm
3. Möglichkeit a = ☐ cm; b = ☐ cm; c = ☐ cm

Name: _____

Wo finde ich jemanden, der ... mir die Angaben mit Komma in der nächstgrößeren Maßeinheit schreibt?

a) 720 cm³
b) 20 dm³
c) 30 mm³
d) 260000 m³
e) 92 dm³
f) 120 ml

Name: _____

Wo finde ich jemanden, der ... mir sagen kann, wie groß die Kantenlängen der Würfel mit den angegebenen Volumina sind?

a) 125 cm³
b) 27 dm³
c) 216 mm³
d) 1000 m³
e) 343 m³

Name: _____

Volumen (Maßeinheiten)

Kooperatives Lernen Klasse 5/6 — 23

Wo finde ich jemanden, der ... mir das Volumen der beiden Körper berechnet?

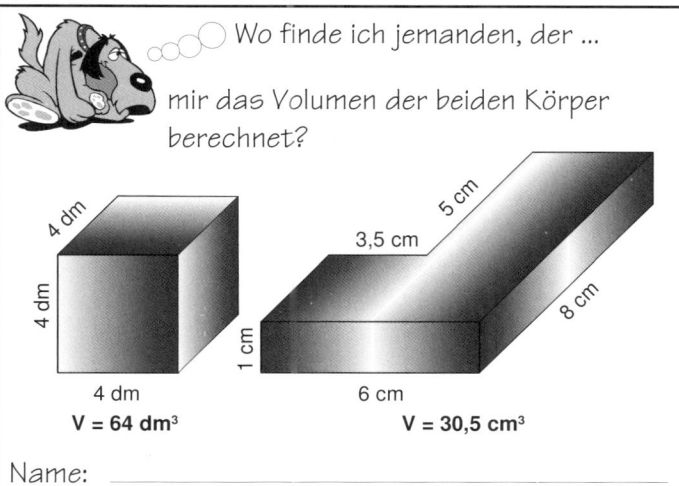

V = 64 dm³   V = 30,5 cm³

Name: _____

Wo finde ich jemanden, der ... mir die Volumenmaße in die nächstkleinere Einheit umwandelt?

a) 7 cm³ — 7000 mm³
b) 8 dm³ — 8000 cm³
c) 0,03 m³ — 30 dm³
d) 2,6 cm³ — 2600 mm³
e) 2,07 dm³ — 2070 cm³
f) 1,2 km³ — 1200000000 m³

Name: _____

Wo finde ich jemanden, der ... mir die Volumenmaße in der nächstgrößeren Einheit angibt?

a) 72000 mm³ — 72 cm³
b) 2000 dm³ — 2 m³
c) 300000 cm³ — 300 dm³
d) 26000000 m³ — 0,026 km³
e) 92000 dm³ — 92 m³
f) 12000 ml — 12 l

Name: _____

Wo finde ich jemanden, der ... mir sagt, ob ich <, > oder = einsetzen muss?

a) 3 m³ 40 dm³ < 3400 dm³
b) 4,2 l = 4200 cm³
c) 7,24 cm³ > 724 mm³
d) 4 cm³ 250 mm³ > 4025 mm³
e) 9,02 dm³ > 9002 cm³
f) 12000 ml = 12 dm³

Name: _____

Wo finde ich jemanden, der ... mir die fehlenden Angaben in der Tabelle ergänzt?

Quader	Länge	Breite	Höhe	Volumen
a)	4 dm	3 dm	8 dm	**96 dm³**
b)	5 cm	3 cm	**4 cm**	60 cm³
c)	8 m	**4 cm**	3 m	96 m³
d)	**7 mm**	2 mm	9 mm	126 mm³

Name: _____

Wo finde ich jemanden, der ... mir mindestens drei Möglichkeiten für die Kantenlängen eines Quaders nennt, der ein Volumen von 240 cm³ hat?

1. Möglichkeit a = 6 cm; b = 5 cm; c = 8 cm
2. Möglichkeit a = 4 cm; b = 5 cm; c = 12 cm
3. Möglichkeit a = 3 cm; b = 8 cm; c = 10 cm

Name: _____

Wo finde ich jemanden, der ... mir die Angaben mit Komma in der nächstgrößeren Maßeinheit schreibt?

a) 720 cm³ — 0,72 dm³
b) 20 dm³ — 0,02 m³
c) 30 mm³ — 0,03 cm³
d) 260000 m³ — 0,00026 km³
e) 92 dm³ — 0,092 m³
f) 120 ml — 0,12 l

Name: _____

Wo finde ich jemanden, der ... mir sagen kann, wie groß die Kantenlängen der Würfel mit den angegebenen Volumina sind?

a) 125 cm³ — 5 cm
b) 27 dm³ — 3 dm
c) 216 mm³ — 6 mm
d) 1000 m³ — 10 m
e) 343 m³ — 7 m

Name: _____

Statistik

Kooperatives Lernen Klasse 5/6 — 24

Wo finde ich jemanden, der ... mir den Zentralwert der folgenden Erhebung zur Höhe des Taschengeldes angeben kann?

33 €   36 €   37 €   40 €   43 €   45 €   48 €   56 €

Name: _____

Wo finde ich jemanden, der ... mir das arithmetische Mittel der folgenden Erhebung zur Höhe des Taschengeldes angeben kann?

33 €   36 €   37 €   40 €   43 €   45 €   48 €   56 €

Name: _____

Wo finde ich jemanden, der ... mir den Mittelwert und den Zentralwert angeben kann?

In fünf Geschäften wurden die Preise für einen bestimmten MP3-Player ermittelt:

78,50 €   81,50 €   85,00 €   90,00 €   92,50 €

Name: _____

Wo finde ich jemanden, der ... mir die fehlende Zahl ergänzen kann, wenn der Mittelwert 19 betragen soll?

a)   11   13   ☐   23   24   26

b)   7,5   9,8   12   ☐   32,1   35

c)   ☐   12   20   23   27   28

Name: _____

Wo finde ich jemanden, der ... mir aus einer Urliste zum Körpergewicht von 8 Schülerinnen und Schülern eine Rangliste machen kann?

Kai	58 kg
Silke	45 kg
Bodo	51 kg
Aise	42 kg
Uwe	57 kg
Kevin	49 kg
Monique	53 kg
Jacqueline	47 kg

Name: _____

Wo finde ich jemanden, der ... mir die relativen Häufigkeiten für die jeweiligen Augenzahlen berechnet?

	1	2	3	4	5	6
absolute Häufigkeit	⁄⁄⁄⁄ ⁄⁄⁄	⁄⁄⁄⁄ ⁄⁄⁄⁄	⁄⁄⁄⁄ ⁄⁄	⁄⁄⁄⁄	⁄⁄⁄⁄ ⁄⁄⁄⁄	⁄⁄⁄⁄ ⁄⁄⁄⁄ ⁄
relative Häufigkeit						

Name: _____

Wo finde ich jemanden, der ... mir die relativen Häufigkeiten für die einzelnen Sportarten berechnet?

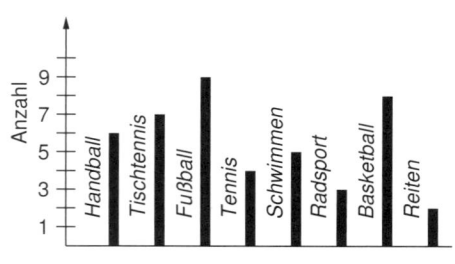

Handball:
Tischtennis:
Fußball:
Tennis:
Schwimen:
Radsport:
Basketball:
Reiten:

Name: _____

Wo finde ich jemanden, der ... mir helfen kann, die Tabelle mit den richtigen Zahlenwerten zu ergänzen?

	absolute Häufigkeit	relative Häufigkeit
ARD	165	
ZDF		
RTL		22 %
Sat1		18 %
Summe	500	

Name: _____

Statistik

○ Wo finde ich jemanden, der ...

mir den Zentralwert der folgenden Erhebung zur Höhe des Taschengeldes angeben kann?

33 €   36 €   37 €   40 €   43 €   45 €   48 €   56 €
                         ↑
         Zentralwert 41,50 €

Name: _____

○ Wo finde ich jemanden, der ...

mir das arithmetische Mittel der folgenden Erhebung zur Höhe des Taschengeldes angeben kann?

33 €   36 €   37 €   40 €   43 €   45 €   48 €   56 €

arithmetisches Mittel 42,25 €

Name: _____

○ Wo finde ich jemanden, der ...

mir den Mittelwert und den Zentralwert angeben kann?

In fünf Geschäften wurden die Preise für einen bestimmten MP3-Player ermittelt:

78,50 €   81,50 €   85,00 €   90,00 €   92,50 €

Zentralwert 85,00 €
Mittelwert 85,50 €

Name: _____

○ Wo finde ich jemanden, der ...

mir die fehlende Zahl ergänzen kann, wenn der Mittelwert 19 betragen soll?

a)   11   13   [17]   23   24   26

b)   7,5   9,8   12   [17,6] 32,1 35

c)   [4]   12   20   23   27   28

Name: _____

○ Wo finde ich jemanden, der ...

mir aus einer Urliste zum Körpergewicht von 8 Schülerinnen und Schülern eine Rangliste machen kann?

Kai	58 kg	Aise	42 kg
Silke	45 kg	Silke	45 kg
Bodo	51 kg	Jacqueline	47 kg
Aise	42 kg	Kevin	49 kg
Uwe	57 kg	Bodo	51 kg
Kevin	49 kg	Monique	53 kg
Monique	53 kg	Uwe	57 kg
Jacqueline	47 kg	Kai	58 kg

Name: _____

○ Wo finde ich jemanden, der ...

mir die relativen Häufigkeiten für die jeweiligen Augenzahlen berechnet?

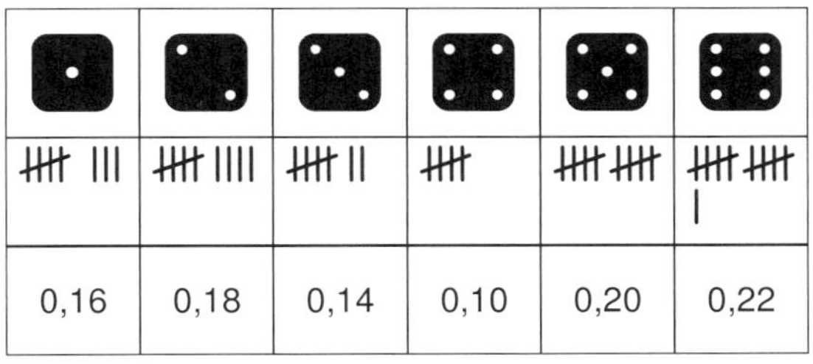

	⚀	⚁	⚂	⚃	⚄	⚅
absolute Häufigkeit	|||| |||	|||| ||||	|||| ||	||||	|||| ||||	|||| ||||	
relative Häufigkeit	0,16	0,18	0,14	0,10	0,20	0,22

Name: _____

○ Wo finde ich jemanden, der ...

mir die relativen Häufigkeiten für die einzelnen Sportarten berechnet?

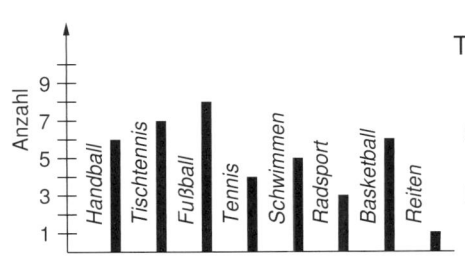

Handball: 0,15
Tischtennis: 0,175
Fußball: 0,2
Tennis: 0,1
Schwimen: 0,125
Radsport: 0,075
Basketball: 0,15
Reiten: 0,025

Name: _____

○ Wo finde ich jemanden, der ...

mir helfen kann, die Tabelle mit den richtigen Zahlenwerten zu ergänzen?

	absolute Häufigkeit	relative Häufigkeit
ARD	165	**33 %**
ZDF	135	**27 %**
RTL	110	22 %
Sat1	90	18 %
Summe	500	**100 %**

Name: _____

Ganze Zahlen

Kooperatives Lernen Klasse 7/8 — 26

 Wo finde ich jemanden, der ...

mir sagt, welche Zahl in der Mitte von
a) + 8 und − 4 liegt?
b) − 5 und − 15 liegt?
c) + 2 und − 8 liegt?
d) + 3 und + 7 liegt?
e) − 7 und + 1 liegt?
f) − 10 und − 16 liegt?

Name: _____

 Wo finde ich jemanden, der ...

mir sagt, welche Zahlen auf dem Zahlenstrahl markiert wurden?

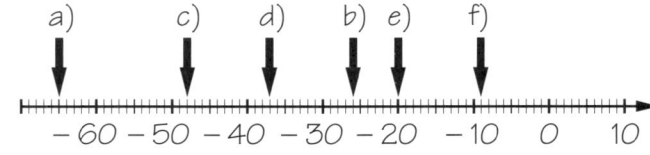

a)   b)   c)   d)   e)   f)

Name: _____

 Wo finde ich jemanden, der ...

mir auf der Zahlengeraden die folgenden Zahlen markieren kann?

a) − 12   b) − 8   c) − 33   d) − 49   e) − 27   f) 6

─────────────────────────────────→
 − 50 − 40 − 30 − 20 − 10   0   10

Name: _____

 Wo finde ich jemanden, der ...

mir die einzelnen Folgen um weitere fünf Zahlen fortsetzen kann?

a) 16; 11; 6; 1; − 4; ...
b) − 17; − 15; − 13; ...
c) − 1; − 2; − 4; − 7; ...
d) − 3; + 6; − 6; + 9; ...
e) − 1; − 4; − 9; − 16; ...
f) − 21; − 20; − 18; − 15; ...

Name: _____

 Wo finde ich jemanden, der ...

mir die Zeichen < oder > einsetzen kann?

a) + 14 ☐ − 15
b) − 10 ☐ 10
c) − 1 ☐ − 2
d) − 32 ☐ − 23
e) + 45 ☐ − 210
f) + 5 ☐ − 23

Name: _____

 Wo finde ich jemanden, der ...

mir die Zahlen in einer Kette ordnen kann, wobei die kleinste Zahl am Anfang der Kette steht?

a) + 43; − 34; − 43; − 14; + 13; + 34
b) + 2; − 9; 0; + 11; − 19; − 12; − 3; + 8
c) − 4; − 404; + 44; + 4; − 440; − 40

Name: _____

 Wo finde ich jemanden, der ...

mir sagt, um wie viel Grad Celsius sich die Temperatur jeweils geändert hat?

a) − 7° C ☐ ⟶ + 4° C
b) + 6° C ☐ ⟶ − 12° C
c) − 3° C ☐ ⟶ − 5° C

Name: _____

 Wo finde ich jemanden, der ...

mir den Vorgänger von
a) − 299 nennt?
b) − 5 nennt?
c) + 1 nennt?
d) − 12 nennt?
e) 0 nennt?
f) − 2000 nennt?

Name: _____

Ganze Zahlen

Wo finde ich jemanden, der ...

mir sagt, welche Zahl in der Mitte von
a) + 8 und − 4 liegt? + 2
b) − 5 und − 15 liegt? − 10
c) + 2 und − 8 liegt? − 3
d) + 3 und + 7 liegt? + 5
e) − 7 und + 1 liegt? − 3
f) − 10 und − 16 liegt? − 13

Name: _____

Wo finde ich jemanden, der ...

mir sagt, welche Zahlen auf dem Zahlenstrahl markiert wurden?

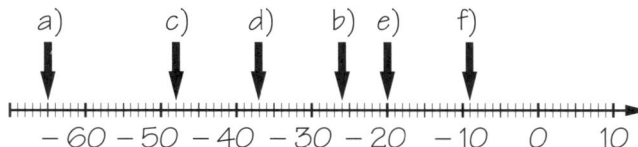

a) − 65 b) − 26 c) − 48 d) − 37 e) − 20 f) − 9

Name: _____

Wo finde ich jemanden, der ...

mir auf der Zahlengeraden die folgenden Zahlen markieren kann?

a) − 12 b) − 8 c) − 33 d) − 49 e) − 27 f) 6

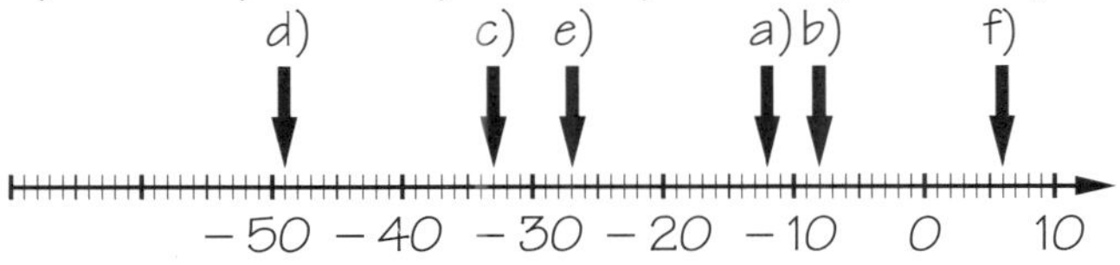

Name: _____

Wo finde ich jemanden, der ...

mir die einzelnen Folgen um weitere fünf Zahlen fortsetzen kann?

a) 16; 11; 6; 1; − 4; ...   − 9 | − 14 | − 19 | − 24 | − 29
b) − 17; − 15; − 13; ...   − 11 | − 9 | − 7 | − 5 | − 3
c) − 1; − 2; − 4; − 7; ... − 11 | − 16 | − 22 | − 29 | − 37
d) − 3; + 6; − 6; + 9; ... − 9 | + 12 | − 12 | + 15 | − 15
e) − 1; − 4; − 9; − 16; ... − 25 | − 36 | − 49 | − 64 | − 81
f) − 21; − 20; − 18; − 15; ... − 11 | − 6 | 0 | + 7 | + 15

Name: _____

Wo finde ich jemanden, der ...

mir die Zeichen < oder > einsetzen kann?

a) + 14 > − 15
b) − 10 < 10
c) − 1 > − 2
d) − 32 < − 23
e) + 45 > − 210
f) + 5 > − 23

Name: _____

Wo finde ich jemanden, der ...

mir die Zahlen in einer Kette ordnen kann, wobei die kleinste Zahl am Anfang der Kette steht?

a) + 43; − 34; − 43; − 14; + 13; + 34
b) + 2; − 9; 0; + 11; − 19; − 12; − 3; + 8
c) − 4; − 404; + 44; + 4; − 440; − 40

a) − 43 < − 34 < − 14 < + 13 < + 34 < + 43
b) − 19 < − 12 < − 9 < − 3 < 0 < + 2 < + 8 < + 11
c) − 440 < − 404 < − 40 < − 4 < + 4 < + 44

Name: _____

Wo finde ich jemanden, der ...

mir sagt, um wie viel Grad Celsius sich die Temperatur jeweils geändert hat?

a) − 7° C $\xrightarrow{+ 11°}$ + 4° C
b) + 6° C $\xrightarrow{- 18°}$ − 12° C
c) − 3° C $\xrightarrow{- 2°}$ − 5° C

Name: _____

Wo finde ich jemanden, der ...

mir den Vorgänger von
a) − 299 nennt? − 300
b) − 5 nennt?   − 6
c) + 1 nennt?   0
d) − 12 nennt?   − 13
e) 0 nennt?   − 1
f) − 2000 nennt? − 2001

Name: _____

Terme

○○○ Wo finde ich jemanden, der ...

mir sagen kann, wie man folgende Terme vereinfacht?

a) $a \cdot a \cdot a \cdot a \cdot a$

b) $6a + 3a - 2a$

c) $26 g^2 h - 12 g^2 h - 19 g^2 h$

Name: _____

○○○ Wo finde ich jemanden, der ...

mir sagen kann, wie man folgende Terme vereinfacht?

a) $a + a + a + a + a$

b) $72x - 17y - 26x + 22y$

c) $g^2 + g^2 - 3g^2$

Name: _____

○○○ Wo finde ich jemanden, der ...

mir die folgenden Terme ohne Klammern schreibt und dann vereinfacht?

a) $(4a + 5b) - (2a + 6b)$

b) $3c - (8d + 4c) - (6d - 7c)$

c) $2x + [5y - (4x + 3y)]$

Name: _____

○○○ Wo finde ich jemanden, der ...

mir die Terme ausmultipliziert und zusammenfasst?

a) $(3a + 2) \cdot (5a + 4)$

b) $(7x - 4) \cdot (2x - 3)$

c) $(-y + 2) \cdot (-y - 5)$

Name: _____

○○○ Wo finde ich jemanden, der ...

mir die Klammern auflöst und gleichartige Glieder zusammenfasst?

a) $7 \cdot (1 + a^2) - 9 \cdot (1 + a^2)$

b) $6 \cdot (5m + 4n) - 4 \cdot (3n + 4m)$

c) $2 \cdot (a + 3) + 4 \cdot (6 - 2a)$

Name: _____

○○○ Wo finde ich jemanden, der ...

in dem Term gemeinsame Faktoren ausklammern kann?

a) $25x - 15x^2$

b) $70pq - 28qr - 49qs$

c) $12 m^3 n^4 - 60 m^2 n^3$

Name: _____

○○○ Wo finde ich jemanden, der ...

mir die folgenden Rechenvorschriften als Terme schreibt?

a) Addiere zum Vierfachen einer ersten Zahl das Zweifache einer zweiten Zahl.

b) Subtrahiere vom Zehnfachen einer Zahl 12 und verdopple diese Differenz.

Name: _____

○○○ Wo finde ich jemanden, der ...

mir einen möglichst einfachen Term für die Summen der Kantenlängen der abgebildeten Körper angibt?

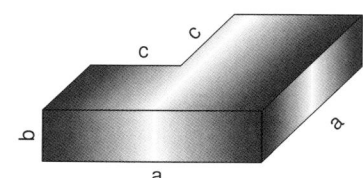

Name: _____

Terme

Wo finde ich jemanden, der ...
mir sagen kann, wie man folgende Terme vereinfacht?

a) $a \cdot a \cdot a \cdot a \cdot a = a^5$

b) $6a + 3a - 2a = 7a$

c) $26g^2h - 12g^2h - 19g^2h = -5g^2h$

Name: _____

Wo finde ich jemanden, der ...
mir sagen kann, wie man folgende Terme vereinfacht?

a) $a + a + a + a + a = 5a$

b) $72x - 17y - 26x + 22y = 46x + 5y$

c) $g^2 + g^2 - 3g^2 = -1g^2 = -g^2$

Name: _____

Wo finde ich jemanden, der ...
mir die folgenden Terme ohne Klammern schreibt und dann vereinfacht?

a) $(4a + 5b) - (2a + 6b)$
$= 4a + 5b - 2a - 6b = 2a - b$
b) $3c - (8d + 4c) - (6d - 7c)$
$= 3c - 8d - 4c - 6d + 7c = 6c - 14d$
c) $2x + [5y - (4x + 3y)]$
$= 2x + 5y - 4x - 3y = -2x + 2y$

Name: _____

Wo finde ich jemanden, der ...
mir die Terme ausmultipliziert und zusammenfasst?

a) $(3a + 2) \cdot (5a + 4)$
$= 15a^2 + 12a + 10a + 8 = 15a^2 + 22a + 8$
b) $(7x - 4) \cdot (2x - 3)$
$= 14x^2 - 21x - 8x + 12 = 14x^2 - 29x + 12$
c) $(-y + 2) \cdot (-y - 5)$
$= y^2 + 5y - 2y - 10 = y^2 + 3y - 10$

Name: _____

Wo finde ich jemanden, der ...
mir die Klammern auflöst und gleichartige Glieder zusammenfasst?

a) $7 \cdot (1 + a^2) - 9 \cdot (1 + a^2)$
$= 7 + 7a^2 - 9 - 9a^2 = -2 - 2a^2$
b) $6 \cdot (5m + 4n) - 4 \cdot (3n + 4m)$
$= 30m + 24n - 12n - 16m = 14m + 12n$
c) $2 \cdot (a + 3) + 4 \cdot (6 - 2a)$
$= 2a + 6 + 24 - 8a = -6a + 30$

Name: _____

Wo finde ich jemanden, der ...
in dem Term gemeinsame Faktoren ausklammern kann?

a) $25x - 15x^2 = 5x(5 - 3x)$

b) $70pq - 28qr - 49qs = 7q(10p - 4r - 7s)$

c) $12m^3n^4 - 60m^2n^3 = 12m^2n^3(mn - 5)$

Name: _____

Wo finde ich jemanden, der ...
mir die folgenden Rechenvorschriften als Terme schreibt?

a) Addiere zum Vierfachen einer ersten Zahl das Zweifache einer zweiten Zahl.
$4x + 2y$

b) Subtrahiere vom Zehnfachen einer Zahl 12 und verdopple diese Differenz.
$(10x - 12) \cdot 2$

Name: _____

Wo finde ich jemanden, der ...
mir einen möglichst einfachen Term für die Summen der Kantenlängen der abgebildeten Körper angibt?

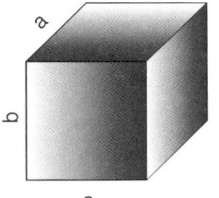 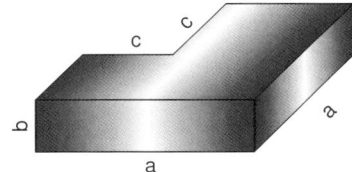

$8a + 4b$ $4a + 6b + 4c + 4(a - c) = 8a + 6b$

Name: _____

Rationale Zahlen

Kooperatives Lernen Klasse 7/8 — 30

 Wo finde ich jemanden, der ...

mir die Zahlen auf der Zahlengeraden markiert?

a) $-3,2$ b) $1,9$ c) $-1\frac{2}{5}$ d) $-4,9$ e) $1\frac{3}{10}$ f) $2,7$

Name: _____

 Wo finde ich jemanden, der ...

mir sagt, welche rationale Zahl

a) um $6,25$ kleiner ist als 2?

b) um $4,7$ größer ist als -12?

c) um $2\frac{1}{4}$ kleiner ist als $-5\frac{1}{2}$?

d) in der Mitte zwischen $-6,2$ und $3,8$ liegt?

Name: _____

 Wo finde ich jemanden, der ...

mir die angegebenen Punkte in das Koordinatensystem einträgt?

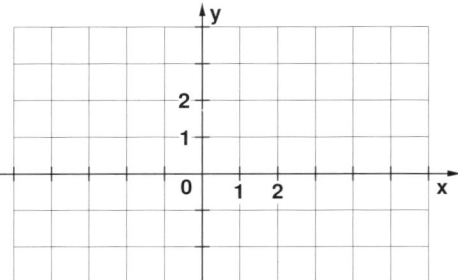

A (2 | –3)
B (–3 | 4)
C (–5 | 0)
D (0 | –2)
E (3 | 4)
F (–3 | –1)
G (–4 | 3)

Name: _____

 Wo finde ich jemanden, der ...

mir die Koordinaten der einzelnen Punkte angibt?

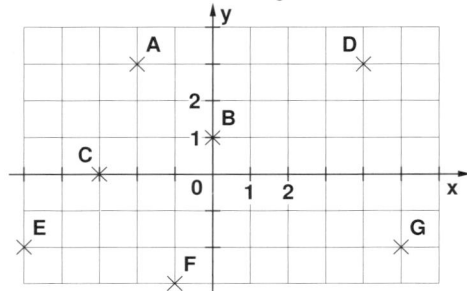

A (|)
B (|)
C (|)
D (|)
E (|)
F (|)
G (|)

Name: _____

 Wo finde ich jemanden, der ...

mir die folgenden Zahlen - mit der kleinsten beginnend - der Größe nach ordnet?

a) $6,3$; $7,08$; $6\frac{2}{5}$; $\frac{66}{10}$; $7,1$; $\frac{66}{100}$

b) $-0,675$; $\frac{5}{8}$; $0,5$; $-0,085$; $0,2$; $-0,35$

Name: _____

 Wo finde ich jemanden, der ...

mir den Abstand der beiden zueinander entgegengesetzten Zahlen angibt?

a) -12 und 12

b) $-2,75$ und $2,75$

c) $-2\frac{1}{2}$ und $2\frac{1}{2}$

d) $-50,12$ und $50,12$

Name: _____

 Wo finde ich jemanden, der ...

mir die Tabelle ergänzt?

Zahl	7		$-\frac{1}{3}$	
Gegenzahl		$+2,1$		$-0,4$
Betrag			3	

Name: _____

 Wo finde ich jemanden, der ...

mir < oder > einträgt?

a) $-14,02$ ☐ $-14,03$
b) $-5\frac{1}{5}$ ☐ $-5,3$
c) $-3,3$ ☐ $-3\frac{25}{100}$
d) -32 ☐ -23
e) $+1,2$ ☐ $|-2,1|$
f) $4,3$ ☐ $-4,3$

Name: _____

Rationale Zahlen

Wo finde ich jemanden, der ...
mir die Zahlen auf der Zahlengeraden markiert?

a) $-3{,}2$ b) $1{,}9$ c) $-1\frac{2}{5}$ d) $-4{,}9$ e) $1\frac{3}{10}$ f) $2{,}7$

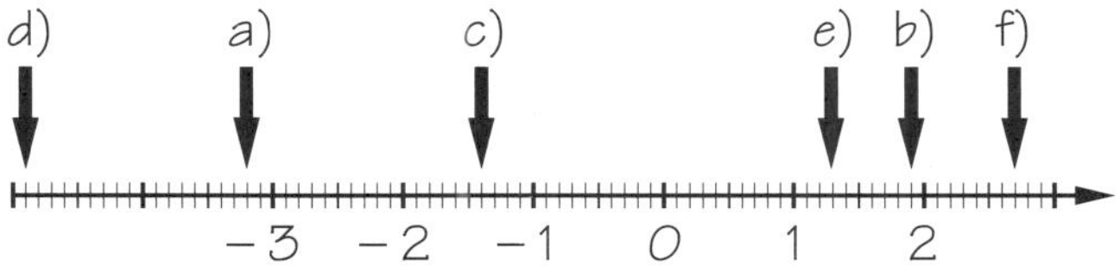

Name: _____

Wo finde ich jemanden, der ...
mir sagt, welche rationale Zahl

a) um $6{,}25$ kleiner ist als 2? $-4{,}25$

b) um $4{,}7$ größer ist als -12? $-7{,}3$

c) um $2\frac{1}{4}$ kleiner ist als $-5\frac{1}{2}$? $-7\frac{3}{4}$

d) in der Mitte zwischen $-6{,}2$ und $3{,}8$ liegt? $-1{,}2$

Name: _____

Wo finde ich jemanden, der ...
mir die angegebenen Punkte in das Koordinatensystem einträgt?

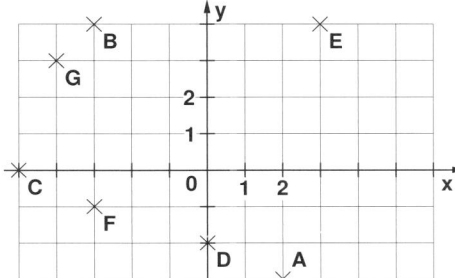

A $(2|-3)$
B $(-3|4)$
C $(-5|0)$
D $(0|-2)$
E $(3|4)$
F $(-3|-1)$
G $(-4|3)$

Name: _____

Wo finde ich jemanden, der ...
mir die Koordinaten der einzelnen Punkte angibt?

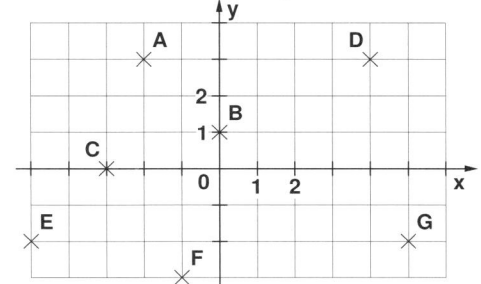

A $(-2|3)$
B $(0|1)$
C $(-3|0)$
D $(4|3)$
E $(-5|-2)$
F $(-1|-3)$
G $(5|-2)$

Name: _____

Wo finde ich jemanden, der ...
mir die folgenden Zahlen - mit der kleinsten beginnend - der Größe nach ordnet?

a) $6{,}3$; $7{,}08$; $6\frac{2}{5}$; $\frac{66}{10}$; $7{,}1$; $\frac{66}{100}$

$\frac{66}{100}$; $6{,}3$; $6{,}4$; $6{,}6$; $7{,}08$; $7{,}1$

b) $-0{,}675$; $\frac{5}{8}$; $0{,}5$; $-0{,}085$; $0{,}2$; $-0{,}35$

$-0{,}675$; $-0{,}35$; $-0{,}085$; $0{,}2$; $0{,}5$; $\frac{5}{8}$

Name: _____

Wo finde ich jemanden, der ...
mir den Abstand der beiden zueinander entgegengesetzten Zahlen angibt?

a) -12 und 12 24

b) $-2{,}75$ und $2{,}75$ $5{,}5$

c) $-2\frac{1}{2}$ und $2\frac{1}{2}$ 5

d) $-50{,}12$ und $50{,}12$ $100{,}24$

Name: _____

Wo finde ich jemanden, der ...
mir die Tabelle ergänzt?

Zahl	7	$-2{,}1$	$-\frac{1}{3}$	$-3;+3$	$+0{,}4$
Gegenzahl	-7	$+2{,}1$	$\frac{1}{3}$	$+3;-3$	$-0{,}4$
Betrag	7	$2{,}1$	$\frac{1}{3}$	3	$0{,}4$

Name: _____

Wo finde ich jemanden, der ...
mir $<$ oder $>$ einträgt?

a) $-14{,}02$ $\boxed{>}$ $-14{,}03$
b) $-5\frac{1}{5}$ $\boxed{>}$ $-5{,}3$
c) $-3{,}3$ $\boxed{<}$ $-3\frac{25}{100}$
d) -32 $\boxed{<}$ -23
e) $+1{,}2$ $\boxed{<}$ $|-2{,}1|$
f) $4{,}3$ $\boxed{>}$ $-4{,}3$

Name: _____

Proportionale Zuordnungen

Kooperatives Lernen Klasse 7/8 — 32

○○○ Wo finde ich jemanden, der ...

mir sagen kann, welcher Graph zu einer proportionalen Zuordnung gehört?

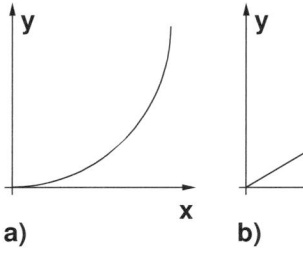
a)

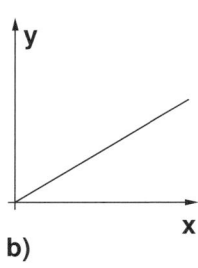
b)

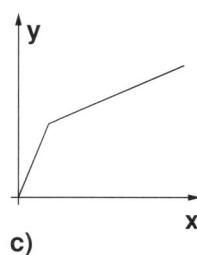
c)

Name: _____

○○○ Wo finde ich jemanden, der ...

mir die fehlenden Größen der proportionalen Zuordnungen ergänzt?

Weg (km)	Zeit (min)	Anzahl	Preis (€)
4	20	5	1,20
15		3	
3		8	
12		6	
9		9	
8		12	

Name: _____

○○○ Wo finde ich jemanden, der ...

mir sagt, welche der in Tabellenform gegebenen Zuordnungen proportional sind?

a)
x	2	3	6	8	15	20	25	30
y	6	9	15	20	40	50	70	80

b)
x	3	2	5	6	9	10	15	20
y	0,75	0,50	1,20	1,40	2,10	2,40	3,60	4,50

c)
x	12	3	5	8	20	30	50	70
y	6	1,5	2,5	4	10	15	25	35

Name: _____

○○○ Wo finde ich jemanden, der ...

mir sagt, nach wie vielen Stunden 225 km gefahren worden sind?

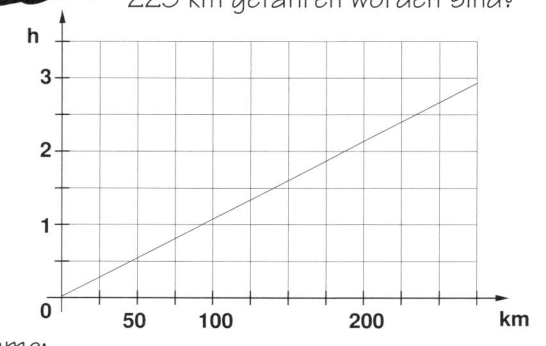

Name: _____

○○○ Wo finde ich jemanden, der ...

mir weitere vier Punkte so einträgt, dass eine proportionale Zuordnung dargestellt wird?

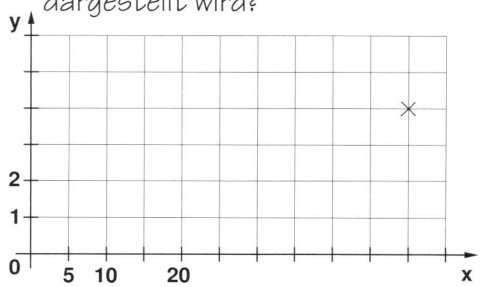

Name: _____

○○○ Wo finde ich jemanden, der ...

mir die folgende Aufgabe lösen kann?

Eine Maschine füllt in 20 Minuten 600 Flaschen ab.
a) Wie viele Flaschen werden in 75 Minuten abgefüllt?
b) Wie lange braucht die Maschine, um 1500 Flaschen abzufüllen?

Name: _____

○○○ Wo finde ich jemanden, der ...

mir erklärt, warum diese Aufgabe Quatsch ist?

Franzl Backenhauer hat neun Jahre auf dem Gymnasium verbracht und sein Abitur bestanden. Insgesamt haben ihm 25 Lehrer dabei geholfen. In welcher Zeit hätte er sein Abitur bestehen können, wenn er 50 Lehrer gehabt hätte?

Name: _____

○○○ Wo finde ich jemanden, der ...

mir die folgende Aufgabe lösen kann?

1 Kilogramm Äpfel der Sorte »Pink Lady« kostet 2,40 €.
Frau Meyer wiegt 1400 g dieser Sorte auf der Waage aus. Was muss sie bezahlen?
Herr Schulz hat 1,80 € für seine Äpfel bezahlt. Wie viel Gramm hat die Waage angezeigt?

Name: _____

Proportionale Zuordnungen

Kooperatives Lernen Klasse 7/8 — 33

Wo finde ich jemanden, der ... mir sagen kann, welcher Graph zu einer proportionalen Zuordnung gehört?

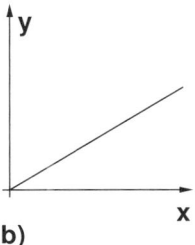

b)

Name: _____

Wo finde ich jemanden, der ... mir die fehlenden Größen der proportionalen Zuordnungen ergänzt?

Weg (km)	Zeit (min)	Anzahl	Preis (€)
4	20	5	1,20
15	75	3	0,72
3	15	8	1,92
12	60	6	1,44
9	45	9	2,16
8	40	12	2,88

Name: _____

Wo finde ich jemanden, der ... mir sagt, welche der in Tabellenform gegebenen Zuordnungen proportional sind?

c)

x	12	3	5	8	20	30	50	70
y	6	1,5	2,5	4	10	15	25	35

Name: _____

Wo finde ich jemanden, der ... mir sagt, nach wie vielen Stunden 225 km gefahren worden sind?

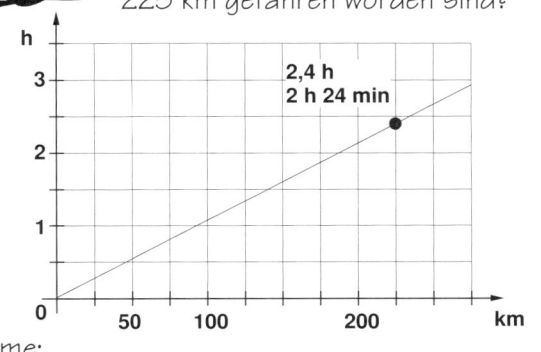

2,4 h
2 h 24 min

Name: _____

Wo finde ich jemanden, der ... mir weitere vier Punkte so einträgt, dass eine proportionale Zuordnung dargestellt wird?

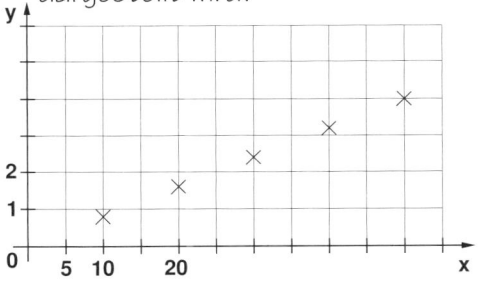

Name: _____

Wo finde ich jemanden, der ... mir die folgende Aufgabe lösen kann?

Eine Maschine füllt in 20 Minuten 600 Flaschen ab.
a) Wie viele Flaschen werden in 75 Minuten abgefüllt? 2250 Flaschen
b) Wie lange braucht die Maschine, um 1500 Flaschen abzufüllen? 50 Minuten

Name: _____

Wo finde ich jemanden, der ... mir erklärt, warum diese Aufgabe Quatsch ist?

Franzl Backenhauer hat neun Jahre auf dem Gymnasium verbracht und sein Abitur bestanden. Insgesamt haben ihm 25 Lehrer dabei geholfen. In welcher Zeit hätte er sein Abitur bestehen können, wenn er 50 Lehrer gehabt hätte?
Die Anzahl der Lehrer hat keinen Einfluss auf die Dauer der Schulzeit.

Name: _____

Wo finde ich jemanden, der ... mir die folgende Aufgabe lösen kann?

1 Kilogramm Äpfel der Sorte »Pink Lady« kostet 2,40 €.
Frau Meyer wiegt 1400 g dieser Sorte auf der Waage aus. Was muss sie bezahlen? 3,36 €
Herr Schulz hat 1,80 € für seine Äpfel bezahlt. Wie viel Gramm hat die Waage angezeigt? 750 g

Name: _____

Prozentrechnung

Wo finde ich jemanden, der ...

mir die folgenden Angaben in Prozentzahlen umwandelt?

a) ein Viertel
b) zwei von fünf
c) der dritte Teil
d) jeder Achte
e) ein Fünftel
f) die Hälfte

Name: _____

Wo finde ich jemanden, der ...

mir sagen kann, wie viel Prozent das jeweils sind?

a) 16 von 50
b) 42 von 200
c) 63 von 300
d) 2,7 von 10
e) 24 von 400
f) 16 von 48

Name: _____

Wo finde ich jemanden, der ...

mir die richtigen Ergebnisse sagt, ohne dass er einen Taschenrechner benutzt?

a) 25 % von 160
b) 60 % von 110
c) 35 % von 300
d) 50 % von 43
e) 4 % von 250
f) $33\frac{1}{3}$ % von 45

Name: _____

Wo finde ich jemanden, der ...

mir sagt, wie viel Prozent der Fläche gekennzeichnet ist?

a) 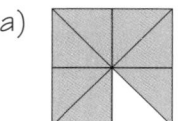 b) 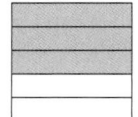 c)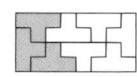

d) 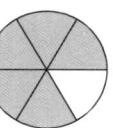 e) 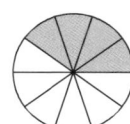 f)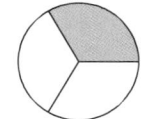

Name: _____

Wo finde ich jemanden, der ...

mir in die Tabelle die Grundwerte einträgt und mir erklärt, wie ich zu rechnen habe?

Prozentsatz in %	12	15	30	35	42
Prozentwert	18	48	81	217	399
Grundwert					

Name: _____

Wo finde ich jemanden, der ...

mir in die Tabelle die Prozentsätze einträgt und mir erklärt, wie ich zu rechnen habe?

Grundwert	1500	480	960	800	1200
Prozentwert	120	57,60	240	256	30
Prozentsatz in %					

Name: _____

Wo finde ich jemanden, der ...

mir in die Tabelle die Prozentwerte einträgt und mir erklärt, wie ich zu rechnen habe?

Grundwert	180	410	320	270	3500
Prozentsatz in %	1,25	4,5	6	3	15
Prozentwert					

Name: _____

Wo finde ich jemanden, der ...

mir die fehlenden Werte berechnet?

Grundwert	160		240	28	500
Prozentsatz in %	5	12	20		15
Prozentwert		36	6	36	35

Name: _____

Prozentrechnung

○ Wo finde ich jemanden, der ...

mir die folgenden Angaben in Prozentzahlen umwandelt?

a) ein Viertel   25 %
b) zwei von fünf   40 %
c) der dritte Teil $33\frac{1}{3}$ %
d) jeder Achte   12,5 %
e) ein Fünftel   20 %
f) die Hälfte   50 %

Name: _____

○ Wo finde ich jemanden, der ...

mir sagen kann, wie viel Prozent das jeweils sind?

a) 16 von 50   32 %
b) 42 von 200   21 %
c) 63 von 300   21 %
d) 2,7 von 10   27 %
e) 24 von 400   6 %
f) 16 von 48 $33\frac{1}{3}$ %

Name: _____

○ Wo finde ich jemanden, der ...

mir die richtigen Ergebnisse sagt, ohne dass er einen Taschenrechner benutzt?

a) 25 % von 160   40
b) 60 % von 110   66
c) 35 % von 300   105
d) 50 % von 43   21,5
e) 4 % von 250   10
f) $33\frac{1}{3}$ % von 45   15

Name: _____

○ Wo finde ich jemanden, der ...

mir sagt, wie viel Prozent der Fläche gekennzeichnet ist?

a) 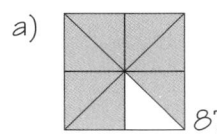 b) 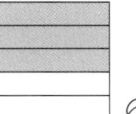 c)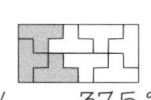
   87,5 %   60 %   37,5 %

d) 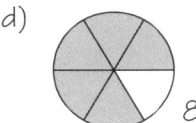 e) 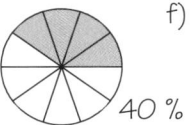 f)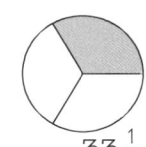
   $83\frac{1}{3}$ %   40 % $33\frac{1}{3}$ %

Name: _____

○ Wo finde ich jemanden, der ...

mir in die Tabelle die Grundwerte einträgt und mir erklärt, wie ich zu rechnen habe?

Prozentsatz in %	12	15	30	35	42
Prozentwert	18	48	81	217	399
Grundwert	150	320	270	620	950

$$\text{Grundwert} = \frac{\text{Prozentwert} \cdot 100}{\text{Prozentsatz}}$$

Name: _____

○ Wo finde ich jemanden, der ...

mir in die Tabelle die Prozentsätze einträgt und mir erklärt, wie ich zu rechnen habe?

Grundwert	1500	480	960	800	1200
Prozentwert	120	57,60	240	256	30
Prozentsatz in %	8	12	25	32	2,5

$$\text{Prozentsatz} = \frac{\text{Prozentwert} \cdot 100}{\text{Grundwert}}$$

Name: _____

○ Wo finde ich jemanden, der ...

mir in die Tabelle die Prozentwerte einträgt und mir erklärt, wie ich zu rechnen habe?

Grundwert	180	410	320	270	3500
Prozentsatz in %	1,25	4,5	6	3	15
Prozentwert	2,25	18,45	19,2	8,1	525

$$\text{Prozentwert} = \frac{\text{Grundwert} \cdot \text{Prozentsatz}}{100}$$

Name: _____

○ Wo finde ich jemanden, der ...

mir die fehlenden Werte berechnet?

Grundwert	160	300	30	240	28	500
Prozentsatz in %	5	12	20	15	15	7
Prozentwert	8	36	6	36	4,2	35

Name: _____

Stochastik

Wo finde ich jemanden, der ...

mir sagen kann, wie groß beim Würfeln mit zwei Würfeln die Wahrscheinlichkeit ist, dass die Augensumme eine Primzahl ist?

Name: _____

Wo finde ich jemanden, der ...

mir sagen kann, wie groß die Wahrscheinlichkeit bei diesem Glücksrad ist, eine gerade Zahl zu erdrehen?

Name: _____

Wo finde ich jemanden, der ...

mir die Wahrscheinlichkeit beim dreifachen Münzwurf für das Ereignis »mindestens zweimal Zahl« sagen kann?

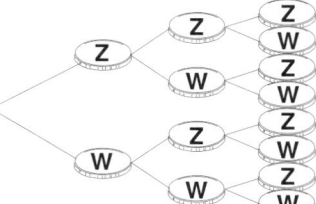

Name: _____

Wo finde ich jemanden, der ...

mir sagt, wie groß die Wahrscheinlichkeit ist, aus einem Gefäß mit schwarzen und weißen Kugeln »blind« eine weiße Kugel zu ziehen?

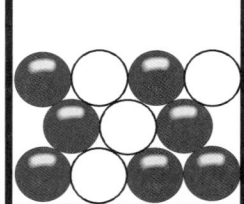

Name: _____

Wo finde ich jemanden, der ...

mir die folgende Aufgabe löst?

In einem Behälter sind schwarze und weiße Kugeln. Die Wahrscheinlichkeit für das Ziehen einer weißen Kugel beträgt 0,4. Wie viele schwarze und weiße Kugeln sind in dem Behälter? Gib mindestens drei Beispiele an.

Name: _____

Wo finde ich jemanden, der ...

mir die folgende Aufgabe löst?

Wie viele Gewinnlose muss man mit 1500 Nieten mischen, damit die Wahrscheinlichkeit, etwas zu gewinnen, bei 25 % liegt?

Name: _____

Wo finde ich jemanden, der ...

mir sagt, wie groß die Wahrscheinlichkeit ist, aus einem gut gemischten Skatspiel mit 32 Karten eine »Lusche« (7, 8 oder 9) zu ziehen?

Name: _____

Wo finde ich jemanden, der ...

mir sagen kann, wie groß die Wahrscheinlichkeit ist, dass beim Drehen dieser zwei Glücksräder in beiden Fenstern »Birne« zu sehen ist?

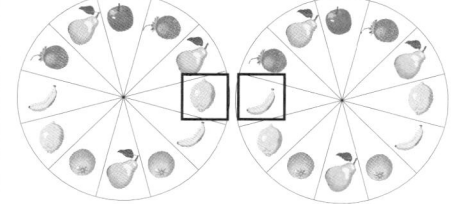

Name: _____

Stochastik

Kooperatives Lernen Klasse 7/8

Wo finde ich jemanden, der ...

mir sagen kann, wie groß beim Würfeln mit zwei Würfeln die Wahrscheinlichkeit ist, dass die Augensumme eine Primzahl ist?

$w = \frac{5}{12}$

Name: _____

Wo finde ich jemanden, der ...

mir sagen kann, wie groß die Wahrscheinlichkeit bei diesem Glücksrad ist, eine gerade Zahl zu erdrehen?

$w = \frac{1}{2}$

Name: _____

Wo finde ich jemanden, der ...

mir die Wahrscheinlichkeit beim dreifachen Münzwurf für das Ereignis »mindestens zweimal Zahl« sagen kann?

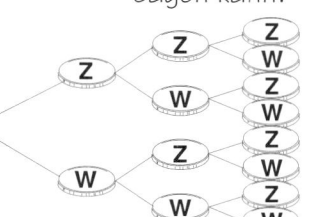

$w = \frac{1}{2}$

Name: _____

Wo finde ich jemanden, der ...

mir sagt, wie groß die Wahrscheinlichkeit ist, aus einem Gefäß mit schwarzen und weißen Kugeln »blind« eine weiße Kugel zu ziehen?

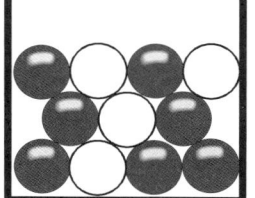

$w = \frac{4}{11}$

Name: _____

Wo finde ich jemanden, der ...

mir die folgende Aufgabe löst?

In einem Behälter sind schwarze und weiße Kugeln. Die Wahrscheinlichkeit für das Ziehen einer weißen Kugel beträgt 0,4. Wie viele schwarze und weiße Kugeln sind in dem Behälter? Gib mindestens drei Beispiele an.

2 weiße und 3 schwarze Kugeln
4 weiße und 6 schwarze Kugeln
10 weiße und 15 schwarze Kugeln

Name: _____

Wo finde ich jemanden, der ...

mir die folgende Aufgabe löst?

Wie viele Gewinnlose muss man mit 1500 Nieten mischen, damit die Wahrscheinlichkeit, etwas zu gewinnen, bei 25 % liegt?

500 Gewinnlose

Name: _____

Wo finde ich jemanden, der ...

mir sagt, wie groß die Wahrscheinlichkeit ist, aus einem gut gemischten Skatspiel mit 32 Karten eine »Lusche« (7, 8 oder 9) zu ziehen?

$w = \frac{12}{32} = \frac{3}{8}$

Name: _____

Wo finde ich jemanden, der ...

mir sagen kann, wie groß die Wahrscheinlichkeit ist, dass beim Drehen dieser zwei Glücksräder in beiden Fenstern »Birne« zu sehen ist?

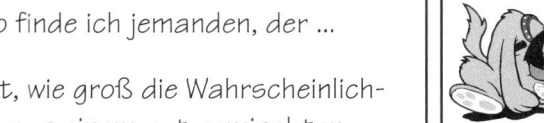

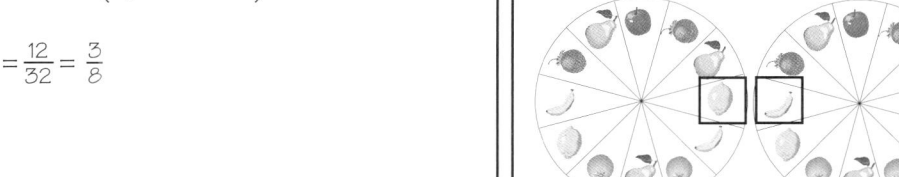

$w = \frac{1}{16}$

Name: _____

Binomische Formeln

Wo finde ich jemanden, der ... mit Hilfe der binomischen Formeln diese Aufgaben schnell - ohne Taschenrechner - berechnen kann?

a) 61^2

b) 79^2

c) $89 \cdot 91$

Name: _____

Wo finde ich jemanden, der ... die binomischen Formeln anwenden kann?

a) $(x + 2)^2$

b) $(3a - 2b)^2$

c) $(3x + 4) \cdot (3x - 4)$

Name: _____

Wo finde ich jemanden, der ... die binomischen Formeln auf den Teilterm anwendet und dann zusammenfasst?

a) $8 + (2a - 4)^2$

b) $3a^2 + (4 - 3a) \cdot (4 + 3a)$

c) $8x^2 + (3x + 2)^2 + 6x$

Name: _____

Wo finde ich jemanden, der ... mir die folgenden Aufgaben löst?

a) $(x + 3y)^2 + (x + y)(4x + y)$

b) $(8a - b) \cdot (8a - b) - (8a + b)^2$

c) $(0{,}5a + 0{,}3b)^2 - (0{,}2a - 0{,}4b)^2$

Name: _____

Wo finde ich jemanden, der ... mir die folgenden Terme mithilfe einer binomischen Formel faktorisiert?

a) $16a^2 - 56ab + 49b^2$

b) $64x^2 - 81y^2$

c) $(3a)^2 + 12ab + 4b^2$

Name: _____

Wo finde ich jemanden, der ... die Lücken ausfüllen kann?

a) $4a^2 + \boxed{} + 16b^2 = (2a + 4b)^2$

b) $x^2 + 6xy + \boxed{} = (x + \boxed{})^2$

c) $64s^2 - \boxed{} + t^2 = (\boxed{} - t)^2$

d) $1 + a + \boxed{} = (1 + \boxed{})^2$

Name: _____

Wo finde ich jemanden, der ... einen geeigneten gemeinsamen Faktor ausklammert und dann faktorisiert?

a) $8x^2 - 98y^2$

b) $45a^2 + 30ab + 5b^2$

c) $24x^2 - 120xy + 150y^2$

Name: _____

Wo finde ich jemanden, der ... die Lücken so auffüllt, dass der Term dann mithilfe der binomischen Formeln umgeformt werden kann?

a) $x^2 + 8x + \boxed{}$

b) $x^2 + x + \boxed{}$

c) $144a^2 - 120a + \boxed{}$

Name: _____

Binomische Formeln

Wo finde ich jemanden, der ...

mit Hilfe der binomischen Formeln diese Aufgaben schnell - ohne Taschenrechner - berechnen kann?

a) 61^2
$(60 + 1)^2 = 3600 + 120 + 1 = 3721$

b) 79^2
$(80 - 1)^2 = 6400 - 160 + 1 = 6241$

c) $89 \cdot 91$
$(90 - 1) \cdot (90 + 1) = 8100 - 1 = 8099$

Name: _____

Wo finde ich jemanden, der ...

die binomischen Formeln anwenden kann?

a) $(x + 2)^2 = x^2 + 4x + 4$

b) $(3a - 2b)^2 = 9a^2 - 12ab + 4b^2$

c) $(3x + 4) \cdot (3x - 4) = 9x^2 - 16$

Name: _____

Wo finde ich jemanden, der ...

die binomischen Formeln auf den Teilterm anwendet und dann zusammenfasst?

a) $8 + (2a - 4)^2 = 4a^2 - 16a + 24$

b) $3a^2 + (4 - 3a) \cdot (4 + 3a) = 16 - 6a^2$

c) $8x^2 + (3x + 2)^2 + 6x = 17x^2 + 18x + 4$

Name: _____

Wo finde ich jemanden, der ...

mir die folgenden Aufgaben löst?

a) $(x + 3y)^2 + (x + y)(4x + y) = 5x^2 + 11xy + 10y^2$

b) $(8a - b) \cdot (8a - b) - (8a + b)^2 = -32ab$

c) $(0{,}5a + 0{,}3b)^2 - (0{,}2a - 0{,}4b)^2$
$= 0{,}21a^2 + 0{,}46ab - 0{,}07b^2$

Name: _____

Wo finde ich jemanden, der ...

mir die folgenden Terme mithilfe einer binomischen Formel faktorisiert?

a) $16a^2 - 56ab + 49b^2 = (4a - 7b)^2$

b) $64x^2 - 81y^2 = (8x + 9y) \cdot (8x - 9y)$

c) $(3a)^2 + 12ab + 4b^2 = (3a + 2b)^2$

Name: _____

Wo finde ich jemanden, der ...

die Lücken ausfüllen kann?

a) $4a^2 + \boxed{16ab} + 16b^2 = (2a + 4b)^2$

b) $x^2 + 6xy + \boxed{9y^2} = (x + \boxed{3y})^2$

c) $64s^2 - \boxed{16st} + t^2 = (\boxed{8s} - t)^2$

d) $1 + a + \boxed{0{,}25a^2} = (1 + \boxed{0{,}5a})^2$

Name: _____

Wo finde ich jemanden, der ...

einen geeigneten gemeinsamen Faktor ausklammert und dann faktorisiert?

a) $8x^2 - 98y^2 = 2 \cdot (2x + 7y) \cdot (2x - 7y)$

b) $45a^2 + 30ab + 5b^2 = 5 \cdot (3a + b)^2$

c) $24x^2 - 120xy + 150y^2 = 6 \cdot (2x - 5y)^2$

Name: _____

Wo finde ich jemanden, der ...

die Lücken so auffüllt, dass der Term dann mithilfe der binomischen Formeln umgeformt werden kann?

a) $x^2 + 8x + \boxed{16}$ $(x + 4)^2$

b) $x^2 + x + \boxed{0{,}25}$ $(x + 0{,}5)^2$

c) $144a^2 - 120a + \boxed{25}$ $(12a - 5)^2$

Name: _____

Gleichungen

Wo finde ich jemanden, der ... mir diese Gleichungen löst?

a) $x + 32 = 117$
b) $x - 23 = 65$
c) $5x = 205$
d) $3x + 12 = 93$
e) $52 - 2x = 212$
f) $-6x + 14 = 206$
g) $3x - 15 = 135$

Name: _____

Wo finde ich jemanden, der ... mir Gleichungen löst, bei denen die Variable rechts und links vom Gleichheitszeichen steht?

a) $4x + 16 = 7x - 20$
b) $8x - 125 = 4x - 245$
c) $15x - 23 = 12x - 2$

Name: _____

Wo finde ich jemanden, der ... die Klammern auflöst, sinnvoll zusammenfasst und die Gleichungen löst?

a) $(4 - 5x) + (10 + 6x) = 8$
b) $3x + 14 + (2x - 7) = 7x + (19 - 4x)$
c) $6x - (8x - 10) = 87 - (21 + 10x)$

Name: _____

Wo finde ich jemanden, der ... die Klammern ausmultipliziert, zusammenfasst und die Gleichungen löst?

a) $2(x - 1) + 6(x + 1) = 5(x + 2) + 3$
b) $(4x - 7)5 = (12x - 1)3$
c) $6(3x - 7) = 6x - 6$

Name: _____

Wo finde ich jemanden, der ... diese Gleichungen löst?

a) $(x + 3) \cdot (x - 6) = x^2 - 39$
b) $(x + 5)^2 = (x - 4)^2$
c) $(x + 1)^2 = (x - 2) \cdot (x + 7)$

Name: _____

Wo finde ich jemanden, der ... mir diese Aufgabe ausführlich erklärt?

$(x + 3)^2 = (3x + 1)^2 - 2(2x - 2)^2$

Name: _____

Wo finde ich jemanden, der ... mir dieses Rätsel löst?

Addiert man zu einer Zahl 5 und multipliziert das Ergebnis mit sich selbst, so erhält man dasselbe, als wenn man die Zahl quadriert und zu dem Ergebnis 135 addiert.

Name: _____

Wo finde ich jemanden, der ... mir dieses Rätsel löst?

Vergrößert man eine Zahl um 4 und multipliziert diese Summe mit 3, so erhält man das gleiche Ergebnis, als wenn man die Zahl mit 7 multipliziert und vom Ergebnis 8 subtrahiert.

Name: _____

Gleichungen

Wo finde ich jemanden, der ... mir diese Gleichungen löst?

a) $x + 32 = 117$ $L = \{85\}$
b) $x - 23 = 65$ $L = \{88\}$
c) $5x = 205$ $L = \{41\}$
d) $3x + 12 = 93$ $L = \{27\}$
e) $52 - 2x = 212$ $L = \{-80\}$
f) $-6x + 14 = 206$ $L = \{-32\}$
g) $3x - 15 = 135$ $L = \{50\}$

Name: _____

Wo finde ich jemanden, der ... mir Gleichungen löst, bei denen die Variable rechts und links vom Gleichheitszeichen steht?

a) $4x + 16 = 7x - 20$
    $-3x = -36$ $L = \{12\}$

b) $8x - 125 = 4x - 245$
    $4x = -120$ $L = \{-30\}$

c) $15x - 23 = 12x - 2$
    $3x = 21$ $L = \{7\}$

Name: _____

Wo finde ich jemanden, der ... die Klammern auflöst, sinnvoll zusammenfasst und die Gleichungen löst?

a) $(4 - 5x) + (10 + 6x) = 8$
    $x = -6$ $L = \{6\}$

b) $3x + 14 + (2x - 7) = 7x + (19 - 4x)$
    $x = 6$ $L = \{6\}$

c) $6x - (8x - 10) = 87 - (21 + 10x)$
    $x = 7$ $L = \{7\}$

Name: _____

Wo finde ich jemanden, der ... die Klammern ausmultipliziert, zusammenfasst und die Gleichungen löst?

a) $2(x - 1) + 6(x + 1) = 5(x + 2) + 3$
    $2x - 2 + 6x + 6 = 5x + 10 + 3$ $L = \{3\}$

b) $(4x - 7)5 = (12x - 1)3$
    $20x - 35 = 36x - 3$ $L = \{-2\}$

c) $6(3x - 7) = 6x - 6$
    $18x - 42 = 6x - 6$ $L = \{3\}$

Name: _____

Wo finde ich jemanden, der ... diese Gleichungen löst?

a) $(x + 3) \cdot (x - 6) = x^2 - 39$
    $x^2 - 6x + 3x - 18 = x^2 - 39$ $L = \{7\}$

b) $(x + 5)^2 = (x - 4)^2$
    $x^2 + 10x + 25 = x^2 - 8x + 16$ $L = \{-0{,}5\}$

c) $(x + 1)^2 = (x - 2) \cdot (x + 7)$
    $x^2 + 2x + 1 = x^2 + 7x - 2x - 14$ $L = \{5\}$

Name: _____

Wo finde ich jemanden, der ... mir diese Aufgabe ausführlich erklärt?

$(x + 3)^2 = (3x + 1)^2 - 2(2x - 2)^2$
$x^2 + 6x + 9 = 9x^2 + 6x + 1 - 2(4x^2 - 8x + 4)$
$x^2 + 6x + 9 = 9x^2 + 6x + 1 - 8x^2 + 16x - 8$
$6x + 9 = 22x - 7$
$-16x = -16$
$x = 1$
$L = \{1\}$

Name: _____

Wo finde ich jemanden, der ... mir dieses Rätsel löst?

Addiert man zu einer Zahl 5 und multipliziert das Ergebnis mit sich selbst, so erhält man dasselbe, als wenn man die Zahl quadriert und zu dem Ergebnis 135 addiert.

$(x + 5)^2 = x^2 + 135$
$x^2 + 10x + 25 = x^2 + 135$
$10x = 110$
$x = 11$ $L = \{11\}$

Name: _____

Wo finde ich jemanden, der ... mir dieses Rätsel löst?

Vergrößert man eine Zahl um 4 und multipliziert diese Summe mit 3, so erhält man das gleiche Ergebnis, als wenn man die Zahl mit 7 multipliziert und vom Ergebnis 8 subtrahiert.

$(x + 4)3 = 7x - 8$
$3x + 12 = 7x - 8$
$20 = 4x$
$x = 5$ $L = \{5\}$

Name: _____

Flächeninhalt von Vielecken

Kooperatives Lernen Klasse 7/8 — 42

Wo finde ich jemanden, der ...
mir die fehlende Größe der Rechtecke berechnet?

Seitenlänge a	3 cm	9 m			3 cm
Seitenlänge b	7 cm		5 m	2 dm	
Flächeninhalt A		72 m²		8 dm²	
Umfang u			24 m		10 cm

Name: _____

Wo finde ich jemanden, der ...
den Parallelogrammen den richtigen Flächeninhalt zuordnen kann?

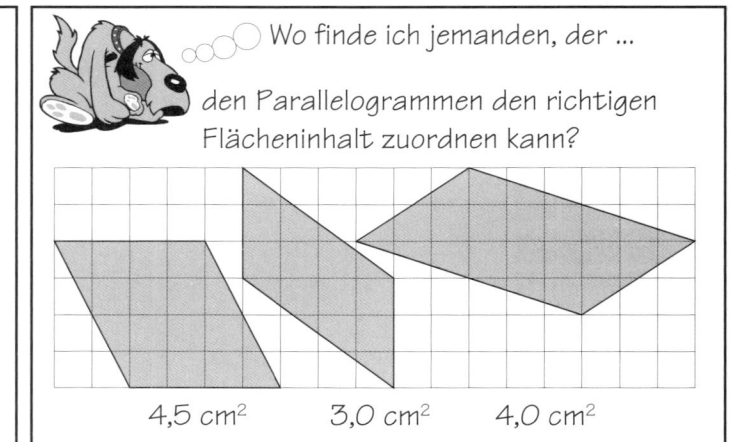

4,5 cm²   3,0 cm²   4,0 cm²

Name: _____

Wo finde ich jemanden, der ...
mir sagen kann, welche der Dreiecke denselben Flächeninhalt haben?

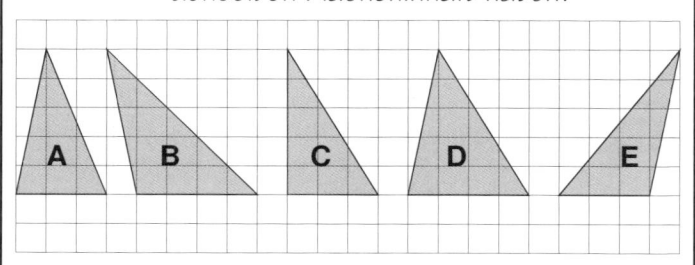

A   B   C   D   E

Name: _____

Wo finde ich jemanden, der ...
mir die fehlende Größe der Dreiecke berechnet?

Seitenlänge g	3 cm	8 m	2 dm	5 m	
Höhe h	4 cm		17 cm		2 dm
Flächeninhalt A		36 m²		8 m²	2 dm²

Name: _____

Wo finde ich jemanden, der ...
den Trapezen den richtigen Flächeninhalt zuordnen kann?

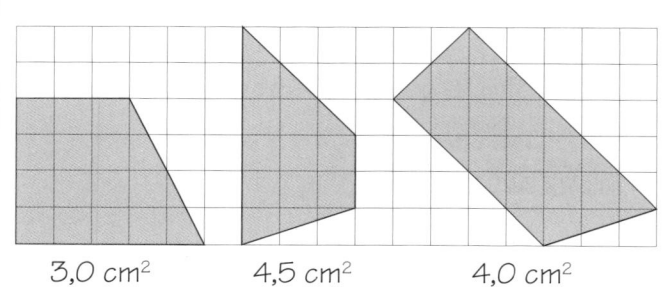

3,0 cm²   4,5 cm²   4,0 cm²

Name: _____

Wo finde ich jemanden, der ...
mir die fehlende Größe der Trapeze berechnet?

Seitenlänge a	4,5 m	3,9 cm	
Seitenlänge c	7,5 m	6,1 cm	9 cm
Höhe h	6,0 m		4 cm
Flächeninhalt A		96 cm²	28 cm²

Name: _____

Wo finde ich jemanden, der ...
den Flächeninhalt dieses Vielecks berechnet?

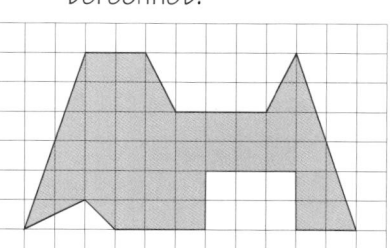

Name: _____

Wo finde ich jemanden, der ...
mir diese Aufgabe berechnen kann?

Malermeister Klecksel soll diese Wandfläche eines Hauses streichen. Pro m² berechnet er 16 €.

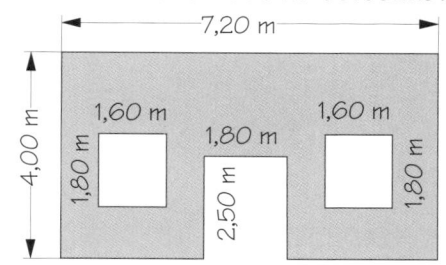

7,20 m; 4,00 m; 1,60 m; 1,80 m; 1,60 m; 1,80 m; 2,50 m; 1,80 m

Name: _____

Flächeninhalt von Vielecken

Wo finde ich jemanden, der ...
mir die fehlende Größe der Rechtecke berechnet?

Seitenlänge a	3 cm	9 m	7 m	4 dm	3 cm
Seitenlänge b	7 cm	8 m	5 m	2 dm	2 cm
Flächeninhalt A	21 cm²	72 m²	35 m²	8 dm²	6 cm²
Umfang u	20 cm	34 m	24 m	12 dm	10 cm

Name: _____

Wo finde ich jemanden, der ...
den Parallelogrammen den richtigen Flächeninhalt zuordnen kann?

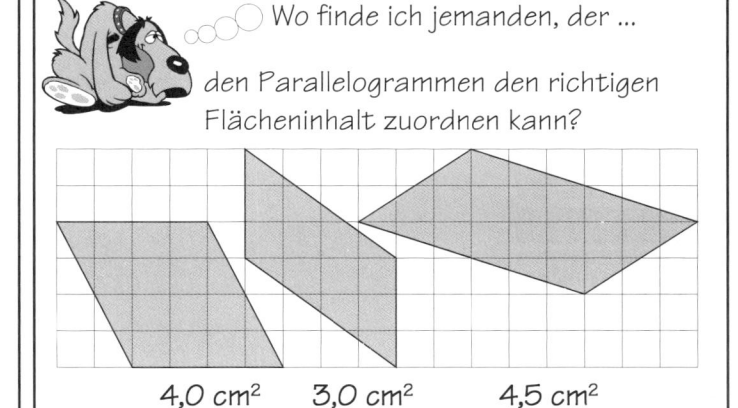

4,0 cm²   3,0 cm²   4,5 cm²

Name: _____

Wo finde ich jemanden, der ...
mir sagen kann, welche der Dreiecke denselben Flächeninhalt haben?

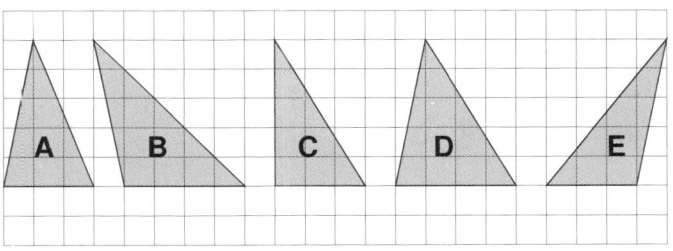

A   B   C   D   E

A, C, E und B, D haben denselben Flächeninhalt

Name: _____

Wo finde ich jemanden, der ...
mir die fehlende Größe der Dreiecke berechnet?

Seitenlänge g	3 cm	8 m	2 m	5 m	2 dm
Höhe h	4 cm	9 m	17 dm	3,2 m	2 dm
Flächeninhalt A	6 cm²	36 m²	1,7 m²	8 m²	2 dm²

Name: _____

Wo finde ich jemanden, der ...
den Trapezen den richtigen Flächeninhalt zuordnen kann?

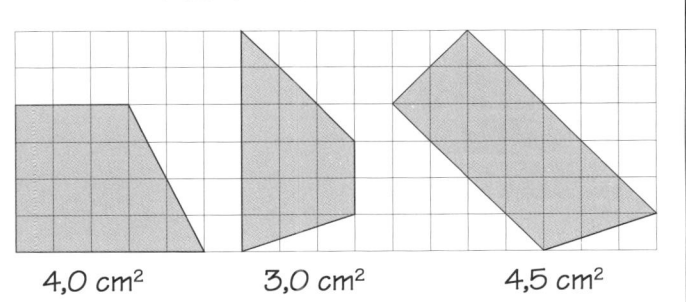

4,0 cm²   3,0 cm²   4,5 cm²

Name: _____

Wo finde ich jemanden, der ...
mir die fehlende Größe der Trapeze berechnet?

Seitenlänge a	4,5 m	3,9 cm	5 cm
Seitenlänge c	7,5 m	6,1 cm	9 cm
Höhe h	6,0 m	19,2 cm	4 cm
Flächeninhalt A	36 m²	96 cm²	28 cm²

Name: _____

Wo finde ich jemanden, der ...
den Flächeninhalt dieses Vielecks berechnet?

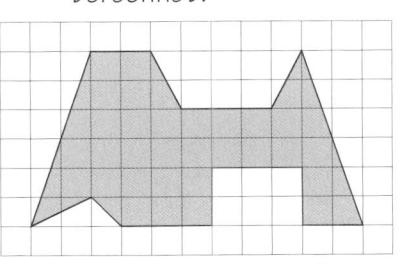

A = 9,625 cm²

Name: _____

Wo finde ich jemanden, der ...
mir diese Aufgabe berechnen kann?

Malermeister Klecksel soll diese Wandfläche eines Hauses streichen. Pro m² berechnet er 16 €.

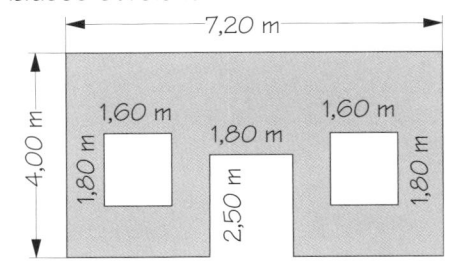

7,20 m; 4,00 m; 1,60 m; 1,80 m; 1,60 m; 1,80 m; 2,50 m; 1,80 m

18,54 m²
296,64 €

Name: _____

Körper

Kooperatives Lernen Klasse 7/8 — 44

Wo finde ich jemanden, der ...

mir sagen kann, welche der abgebildeten Körper Prismen sind?

Name: _____

Wo finde ich jemanden, der ...

mir zu diesem Prisma das entsprechende Netz skizzieren kann?

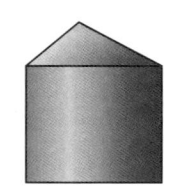

Name: _____

Wo finde ich jemanden, der ...

mir die Oberfläche dieses Quaders berechnet?

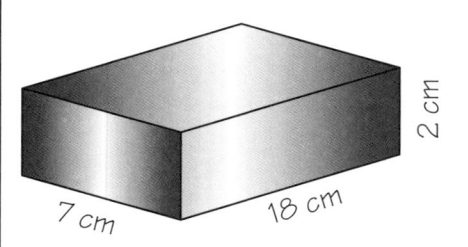

(7 cm, 18 cm, 2 cm)

Name: _____

Wo finde ich jemanden, der ...

mir das Volumen des Körpers berechnet?

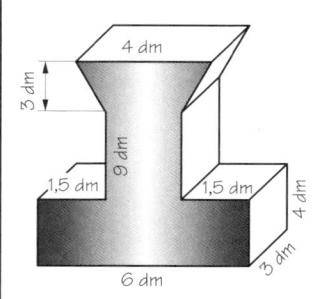

(4 dm, 3 dm, 9 dm, 1,5 dm, 1,5 dm, 4 dm, 6 dm, 3 dm)

Name: _____

Wo finde ich jemanden, der ...

mir sagen kann, welche Prismen zueinander volumengleich sind?

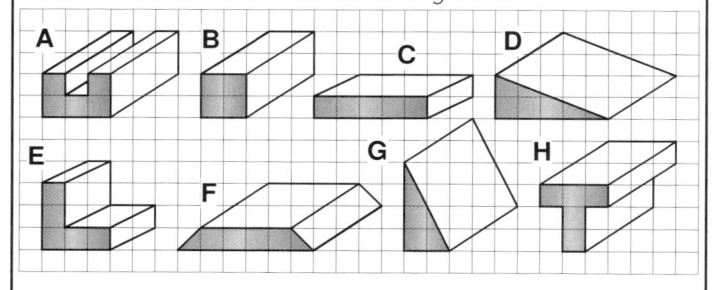

A B C D E F G H

Name: _____

Wo finde ich jemanden, der ...

mir sagen kann, wie sich das Volumen eines Prismas verändert, wenn man die Grundfläche verdreifacht und die Höhe halbiert?

Name: _____

Wo finde ich jemanden, der ...

eine Formel für das Volumen dieses Prismas aufstellen kann?

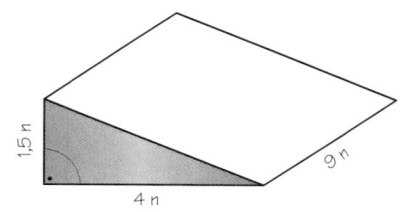

(1,5 n, 4 n, 9 n)

Name: _____

Wo finde ich jemanden, der ...

die Anzahl der Ecken, Kanten und Flächen dieses Prismas angeben kann?

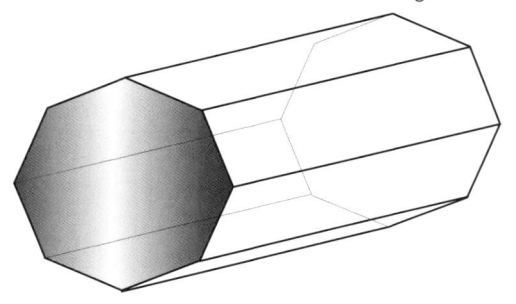

Name: _____

Körper

Kooperatives Lernen Klasse 7/8 — 45

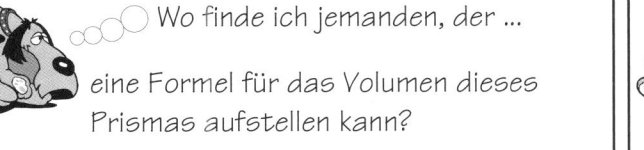

Wo finde ich jemanden, der ...

mir sagen kann, welche der abgebildeten Körper Prismen sind?

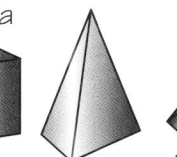

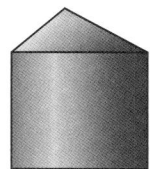

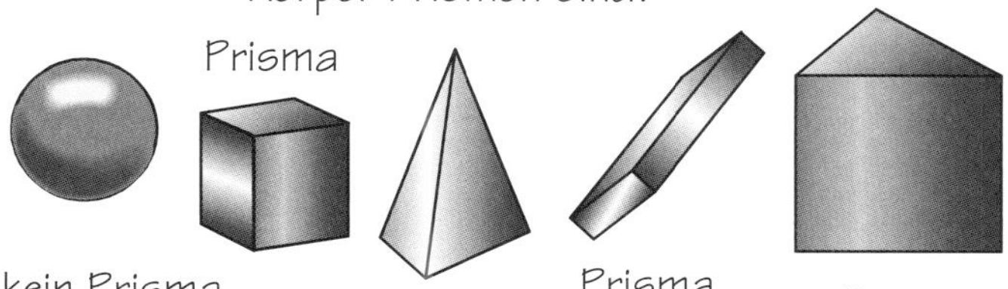

- Kugel: kein Prisma
- Würfel: Prisma
- Pyramide: kein Prisma
- schiefes Prisma: Prisma
- Prisma mit Fünfeck-Grundfläche: Prisma

Name: _____

Wo finde ich jemanden, der ...

mir zu diesem Prisma das entsprechende Netz skizzieren kann?

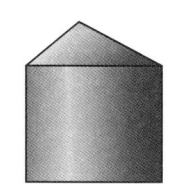

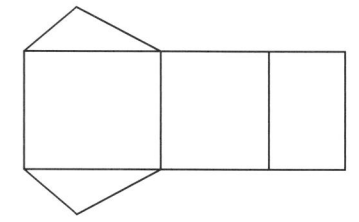

Name: _____

Wo finde ich jemanden, der ...

mir die Oberfläche dieses Quaders berechnet?

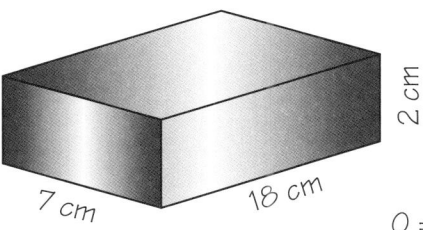

Maße: 7 cm, 18 cm, 2 cm

$O = 352 \text{ cm}^2$

Name: _____

Wo finde ich jemanden, der ...

mir das Volumen des Körpers berechnet?

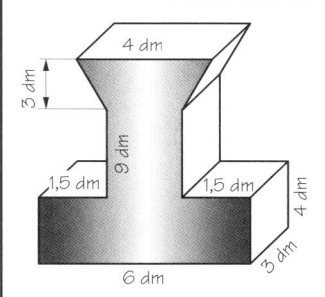

Maße: 4 dm, 3 dm, 9 dm, 1,5 dm, 1,5 dm, 4 dm, 3 dm, 6 dm

$V = 184{,}5 \text{ cm}^3$

Name: _____

Wo finde ich jemanden, der ...

mir sagen kann, welche Prismen zueinander volumengleich sind?

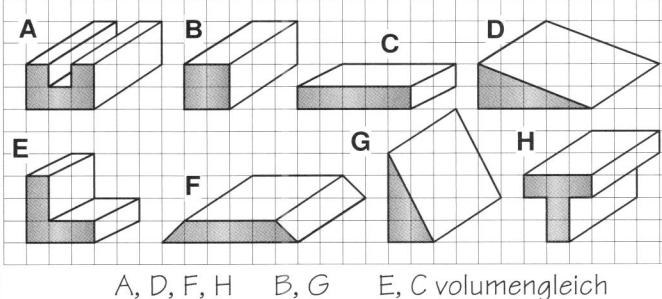

A, B, C, D, E, F, G, H

A, D, F, H   B, G   E, C volumengleich

Name: _____

Wo finde ich jemanden, der ...

mir sagen kann, wie sich das Volumen eines Prismas verändert, wenn man die Grundfläche verdreifacht und die Höhe halbiert?

Das Volumen wird eineinhalb mal größer.

Name: _____

Wo finde ich jemanden, der ...

eine Formel für das Volumen dieses Prismas aufstellen kann?

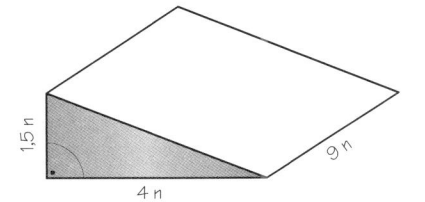

Maße: 1,5 n, 4 n, 9 n

$V = 27 n^3$

Name: _____

Wo finde ich jemanden, der ...

die Anzahl der Ecken, Kanten und Flächen dieses Prismas angeben kann?

16 Ecken, 24 Kanten und 10 Flächen

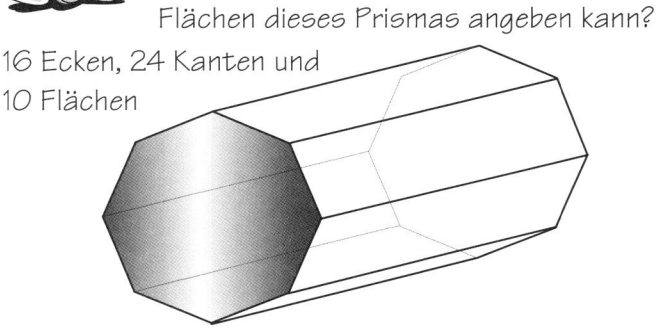

Name: _____

Lineare Funktionen

Kooperatives Lernen Klasse 9/10 — 46

Wo finde ich jemanden, der ... mir sagen kann, wie die Funktionsgleichungen lauten?

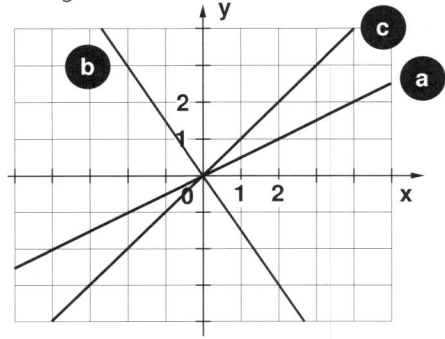

a)
b)
c)

Name: _____

Wo finde ich jemanden, der ... mir sagen kann, wie die Funktionsgleichungen lauten?

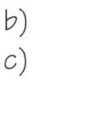

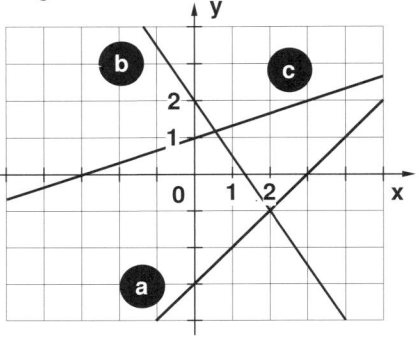

a)
b)
c)

Name: _____

Wo finde ich jemanden, der ... mir die Geraden der proportionalen Funktionen mit

a) $y = 2x$
b) $y = -0{,}3x$
c) $y = 0{,}2x$

zeichnen kann?

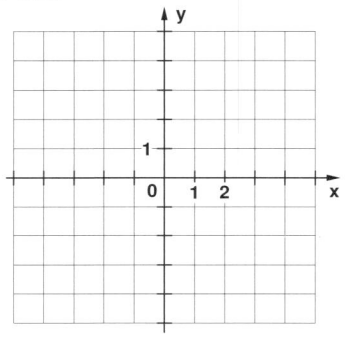

Name: _____

Wo finde ich jemanden, der ... mir die Gerade zu der linearen Funktion mit $m = 2$ zeichnet, die durch den Punkt $P(0\,|\,1)$ verläuft, und die zugehörige Funktionsgleichung angibt?

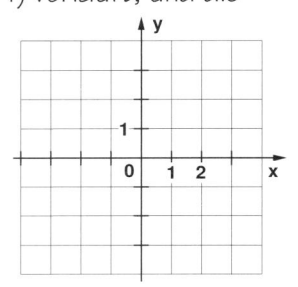

Name: _____

Wo finde ich jemanden, der ... mir die Geraden zu den linearen Funktionen mit

a) $y = 1{,}5x + 2$
b) $y = -0{,}5x - 3$
c) $y = 0{,}25x - 4$

zeichnen kann?

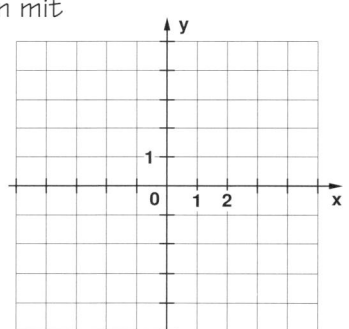

Name: _____

Wo finde ich jemanden, der ... mir die Nullstellen der linearen Funktion mit der Gleichung

a) $y = 2x - 3$

b) $y = -0{,}3x + 0{,}6$

c) $y = 2{,}5x + 12$

berechnet?

Name: _____

Wo finde ich jemanden, der ... mir sagen kann, an welcher Stelle x die Funktion mit

a) $y = 1{,}5x - 3$

b) $y = -0{,}3x + 2{,}4$

c) $y = 3x - 9$

den Wert 6 annimmt?

Name: _____

Wo finde ich jemanden, der ... die Funktionswerte berechnen kann?

a) $y = 2x - 5$

x	−2	2	1	0,5	4
y					

b) $y = -3x + 2$

x	−2	2	1	0,5	−1
y					

c) $y = 0{,}25x - 7$

x	−4	4	8	0	12
y					

Name: _____

Lineare Funktionen

Kooperatives Lernen Klasse 9/10 — 47

Wo finde ich jemanden, der ... mir sagen kann, wie die Funktionsgleichungen lauten?

a) $y = 0{,}5x$
b) $y = -1{,}5x$
c) $y = x$

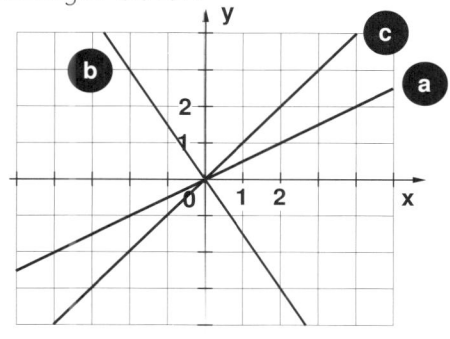

Name: _____

Wo finde ich jemanden, der ... mir sagen kann, wie die Funktionsgleichungen lauten?

a) $y = x - 3$
b) $y = -1{,}5x + 2$
c) $y = \frac{1}{3}x + 1$

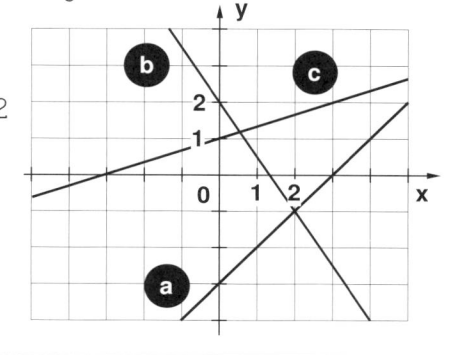

Name: _____

Wo finde ich jemanden, der ... mir die Geraden der proportionalen Funktionen mit

a) $y = 2x$
b) $y = -0{,}3x$
c) $y = 0{,}2x$

zeichnen kann?

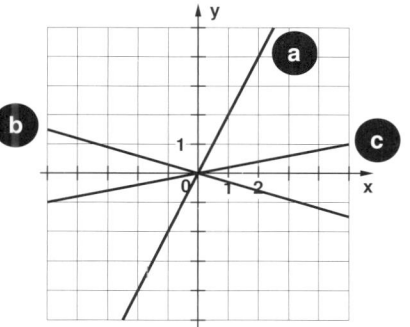

Name: _____

Wo finde ich jemanden, der ... mir die Gerade zu der linearen Funktion mit m = 2 zeichnet, die durch den Punkt P(0 | 1) verläuft, und die zugehörige Funktionsgleichung angibt?

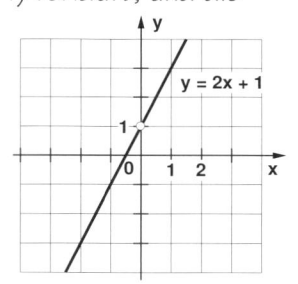

$y = 2x + 1$

Name: _____

Wo finde ich jemanden, der ... mir die Geraden zu den linearen Funktionen mit

a) $y = 1{,}5x + 2$
b) $y = -0{,}5x - 3$
c) $y = 0{,}25x - 4$

zeichnen kann?

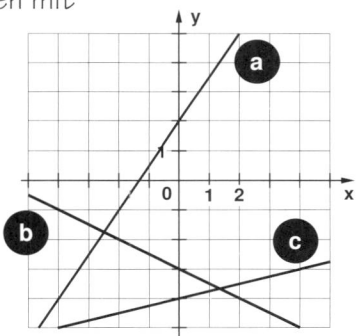

Name: _____

Wo finde ich jemanden, der ... mir die Nullstellen der linearen Funktion mit der Gleichung

a) $y = 2x - 3$
$2x - 3 = 0 \qquad x = 1{,}5$

b) $y = -0{,}3x + 0{,}6$
$-0{,}3x + 0{,}6 = 0 \qquad x = 2$

c) $y = 2{,}5x + 12$
$2{,}5x + 12 = 0 \qquad x = -4{,}8$

berechnet?

Name: _____

Wo finde ich jemanden, der ... mir sagen kann, an welcher Stelle x die Funktion mit

a) $y = 1{,}5x - 3$
$1{,}5x - 3 = 6 \qquad x = 6$

b) $y = -0{,}3x + 2{,}4$
$-0{,}3x + 2{,}4 = 6 \qquad x = -12$

c) $y = 3x - 9$
$3x - 9 = 6 \qquad x = 5$

den Wert 6 annimmt?

Name: _____

Wo finde ich jemanden, der ... die Funktionswerte berechnen kann?

a) $y = 2x - 5$

x	-2	2	1	0,5	4
y	-9	-1	-3	-4	3

b) $y = -3x + 2$

x	-2	2	1	0,5	-1
y	8	-4	-1	0,5	5

c) $y = 0{,}25x - 7$

x	-4	4	8	0	12
y	-8	-6	-5	-7	-4

Name: _____

Satz des Pythagoras

Kooperatives Lernen Klasse 9/10 — 48

Wo finde ich jemanden, der ...

mir jeweils die Gleichung aufschreibt, die sich nach dem Satz des Pythagoras ergibt?

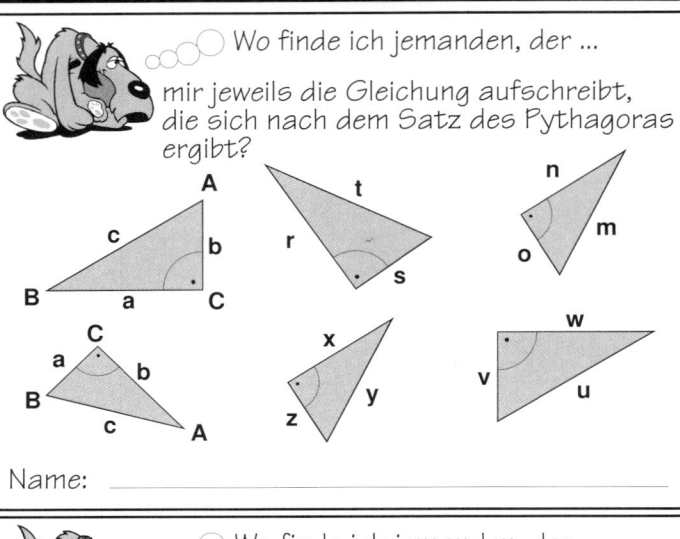

Name: _____

Wo finde ich jemanden, der ...

mir die fehlende Seitenlänge des rechtwinkligen Dreiecks berechnet?

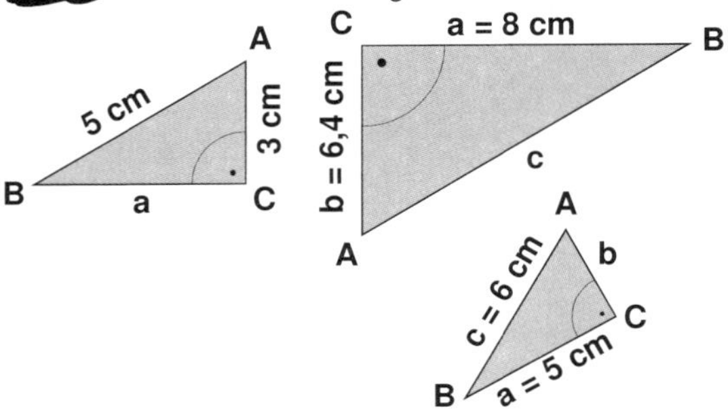

(5 cm, 3 cm; a = 8 cm, b = 6,4 cm, c; c = 6 cm, a = 5 cm, b)

Name: _____

Wo finde ich jemanden, der ...

mir den Abstand der drei Punkte vom Koordinatenursprung berechnet (Einheit 1 cm)?

a) $P_1(4\,|-2)$

b) $P_2(2\,|\,5)$

c) $P_3(-5\,|\,4)$

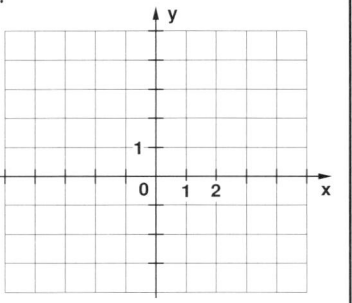

Name: _____

Wo finde ich jemanden, der ...

mir die Entfernung zwischen den Punkten A und B berechnen kann (Einheit 1 cm)?

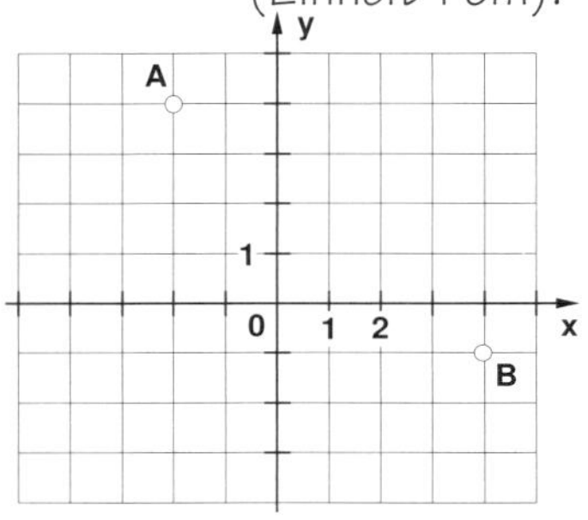

Name: _____

Wo finde ich jemanden, der ...

mir eine Formel für die Länge der Diagonalen im Quadrat und im Recteck entwickeln kann?

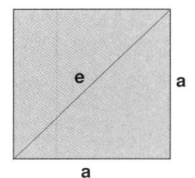

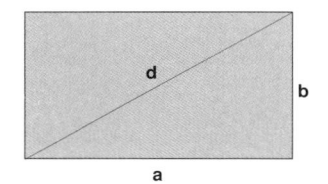

Name: _____

Wo finde ich jemanden, der ...

mir eine Formel für die Raumdiagonale f eines Würfels entwickeln kann?

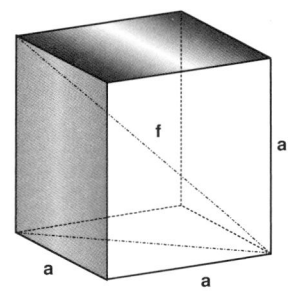

Name: _____

Wo finde ich jemanden, der ...

mir eine Formel für die Höhe h eines gleichseitigen Dreiecks entwickeln kann?

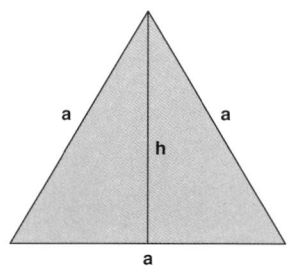

Name: _____

Wo finde ich jemanden, der ...

mir eine Formel für die Seitenkante s eines Kegels entwickeln kann?

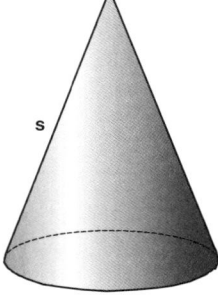

Name: _____

Satz des Pythagoras

Wo finde ich jemanden, der ... mir jeweils die Gleichung aufschreibt, die sich nach dem Satz des Pythagoras ergibt?

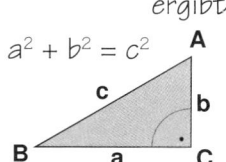

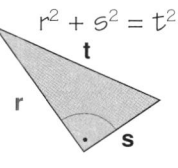

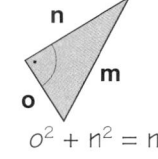

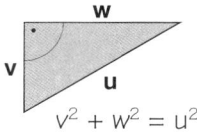

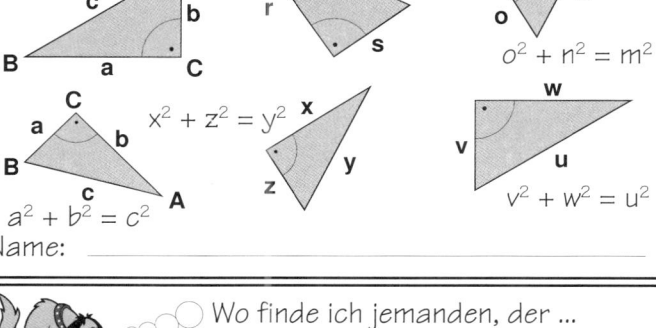

$a^2 + b^2 = c^2$ (Dreieck ABC mit c, b, a)

$r^2 + s^2 = t^2$ (Dreieck mit r, s, t)

$o^2 + n^2 = m^2$ (Dreieck mit n, m, o)

$x^2 + z^2 = y^2$ (Dreieck mit x, y, z)

$a^2 + b^2 = c^2$ (Dreieck ABC mit a, b, c)

$v^2 + w^2 = u^2$ (Dreieck mit v, w, u)

Name: _____

Wo finde ich jemanden, der ... mir die fehlende Seitenlänge des rechtwinkligen Dreiecks berechnet?

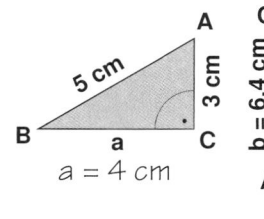

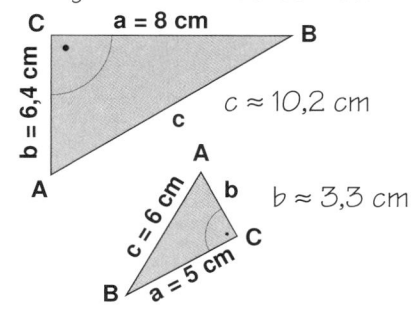

- Dreieck ABC: 5 cm, 3 cm, $a = 4$ cm
- Dreieck: $a = 8$ cm, $b = 6{,}4$ cm, $c \approx 10{,}2$ cm
- Dreieck: $c = 6$ cm, $a = 5$ cm, $b \approx 3{,}3$ cm

Name: _____

Wo finde ich jemanden, der ... mir den Abstand der drei Punkte vom Koordinatenursprung berechnet (Einheit 1 cm)?

a) $P_1(4 | -2)$ Abstand $\approx 4{,}5$ cm

b) $P_2(2 | 5)$ Abstand $\approx 5{,}4$ cm

c) $P_3(-5 | 4)$ Abstand $\approx 6{,}4$ cm

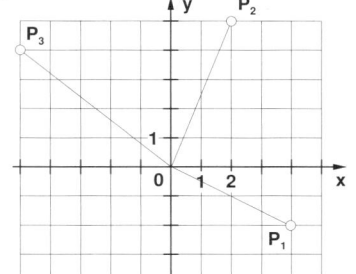

Name: _____

Wo finde ich jemanden, der ... mir die Entfernung zwischen den Punkten A und B berechnen kann (Einheit 1 cm)?

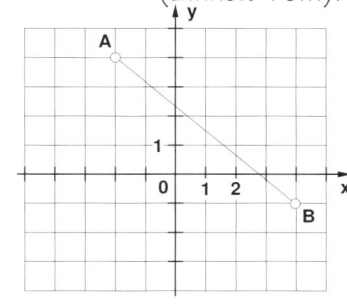

$|AB| = \sqrt{6^2 + 5^2}$

$|AB| \approx 7{,}8$ cm

Name: _____

Wo finde ich jemanden, der ... mir eine Formel für die Länge der Diagonalen im Quadrat und im Recteck entwickeln kann?

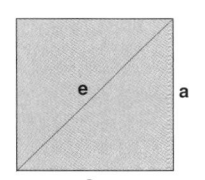

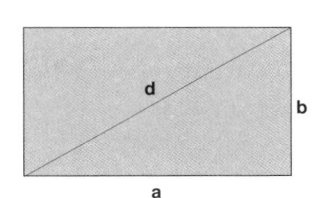

$e = \sqrt{a^2 + a^2}$
$e = \sqrt{2a^2}$ $e = a\sqrt{2}$

$d = \sqrt{a^2 + b^2}$

Name: _____

Wo finde ich jemanden, der ... mir eine Formel für die Raumdiagonale f eines Würfels entwickeln kann?

$e^2 = a^2 + a^2$
$f = \sqrt{e^2 + a^2}$
$f = \sqrt{a^2 + a^2 + a^2}$
$f = \sqrt{3a^2}$
$f = a\sqrt{3}$

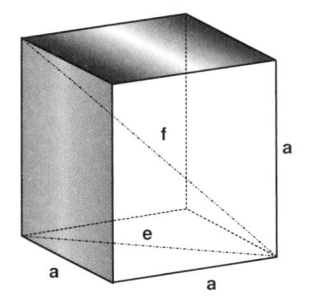

Name: _____

Wo finde ich jemanden, der ... mir eine Formel für die Höhe h eines gleichseitigen Dreiecks entwickeln kann?

$h^2 = a^2 - \left[\frac{a}{2}\right]^2$

$h^2 = a^2 - \frac{a^2}{4}$

$h^2 = \frac{3a^2}{4}$

$h = \sqrt{\frac{3a^2}{4}}$

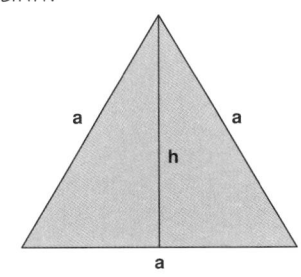

$h = \frac{a}{2}\sqrt{3}$

Name: _____

Wo finde ich jemanden, der ... mir eine Formel für die Seitenkante s eines Kegels entwickeln kann?

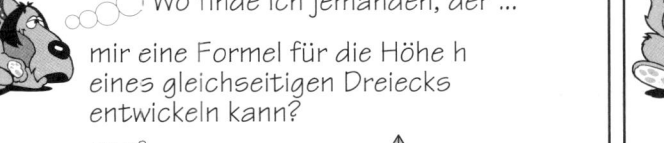

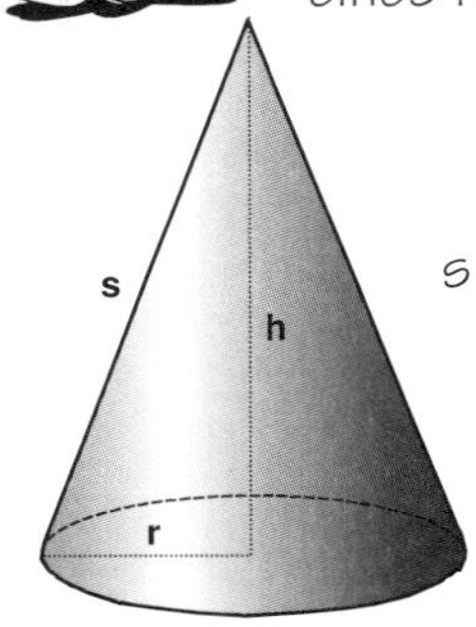

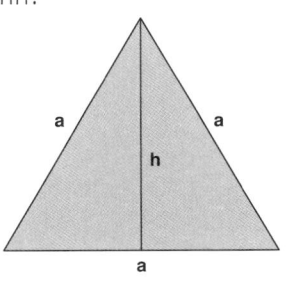

$s = \sqrt{h^2 + r^2}$

Name: _____

Strahlensätze

Kooperatives Lernen Klasse 9/10 — 50

Wo finde ich jemanden, der ... mir die Länge der mit x bezeichneten Strecke berechnet?

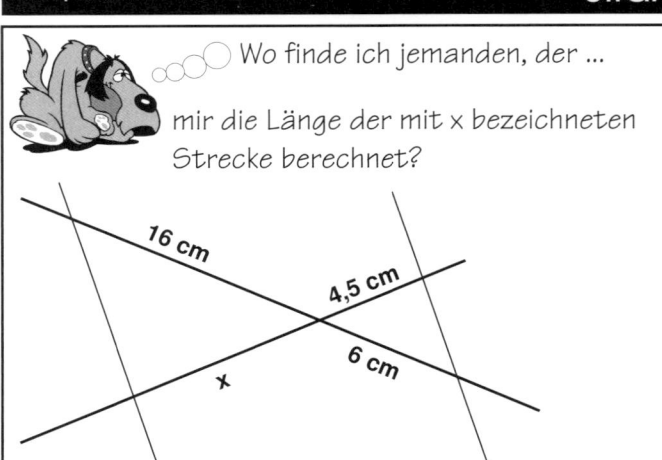

(Figur: zwei sich kreuzende Strahlen, 16 cm, 4,5 cm, 6 cm, x)

Name: _____

Wo finde ich jemanden, der ... mir die Länge der mit x bezeichneten Strecke berechnet?

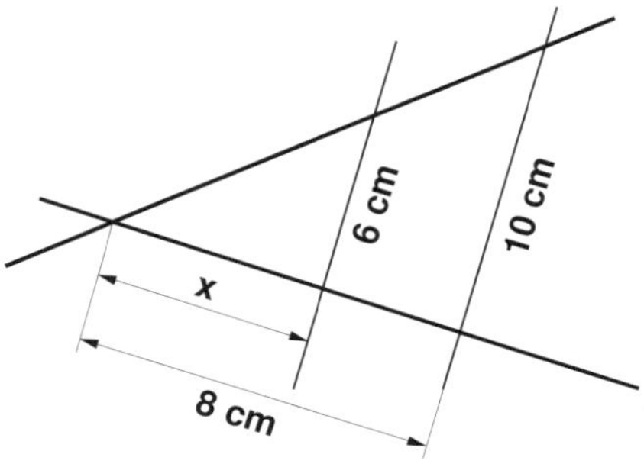

(Figur: Strahlen mit 6 cm, 10 cm, x, 8 cm)

Name: _____

Wo finde ich jemanden, der ... mir die Kästchen ausfüllen kann?

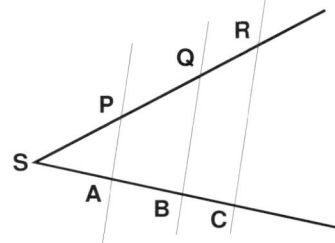

(Strahlenfigur mit Scheitel S, Punkten P, Q, R auf einem Strahl und A, B, C auf dem anderen)

a) $\dfrac{|SB|}{|SA|} = \dfrac{\Box}{\Box}$

b) $\dfrac{\Box}{\Box} = \dfrac{|SR|}{|SP|}$

c) $\dfrac{|SQ|}{\Box} = \dfrac{\Box}{|BC|}$

Name: _____

Wo finde ich jemanden, der ... mir die Höhe h des Körpers berechnet?

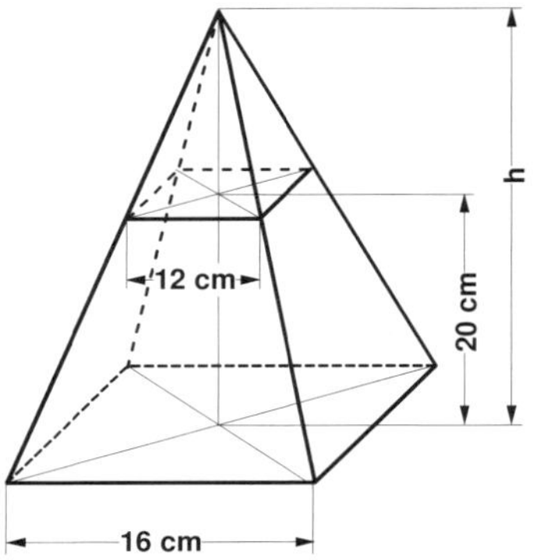

(Pyramide mit oberer Schnittfläche 12 cm, Grundfläche 16 cm, 20 cm, h)

Name: _____

Wo finde ich jemanden, der ... mir sagen kann, wie breit der See ist?

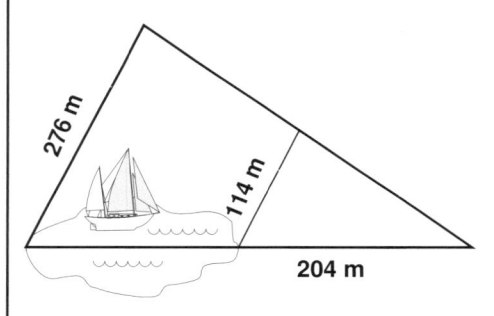

(Dreieck mit 276 m, 114 m, 204 m)

Name: _____

Wo finde ich jemanden, der ... mir sagen kann, wie breit der Fluss ist?

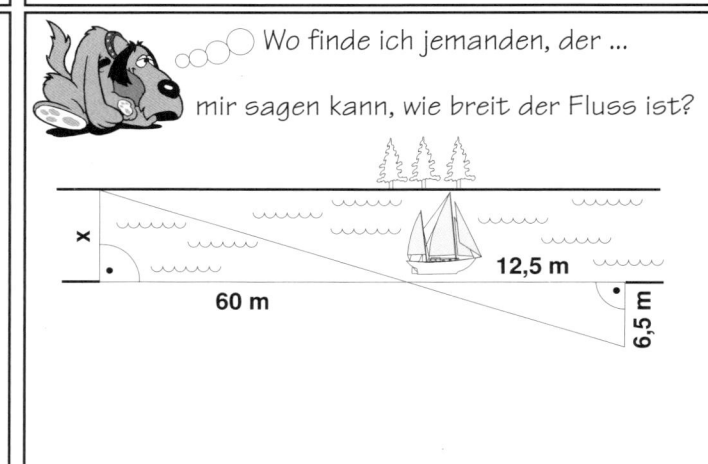

(Figur: x, 60 m, 12,5 m, 6,5 m)

Name: _____

Wo finde ich jemanden, der ... mir sagen kann, welchen Höhenunterschied eine Straße auf einer Länge von 2,7 km mit diesem Gefälle überwindet?

(Verkehrsschild 13%)

Name: _____

Wo finde ich jemanden, der ... die Strecke x in den Trapezen berechnet (Maße in mm)?

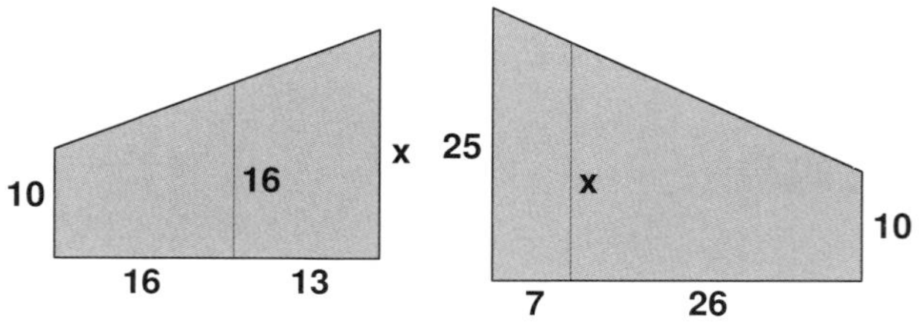

(Trapez 1: 10, 16, x, 16, 13)
(Trapez 2: 25, x, 10, 7, 26)

Name: _____

Strahlensätze

Wo finde ich jemanden, der ... mir die Länge der mit x bezeichneten Strecke berechnet?

(16 cm, 4,5 cm, 6 cm, x)

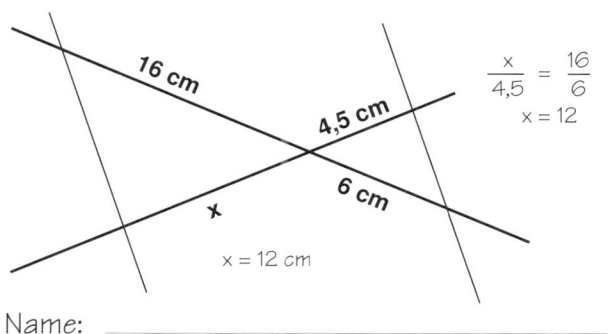

$$\frac{x}{4,5} = \frac{16}{6}$$
$$x = 12$$

x = 12 cm

Name: _____

Wo finde ich jemanden, der ... mir die Länge der mit x bezeichneten Strecke berechnet?

(6 cm, 10 cm, x, 8 cm)

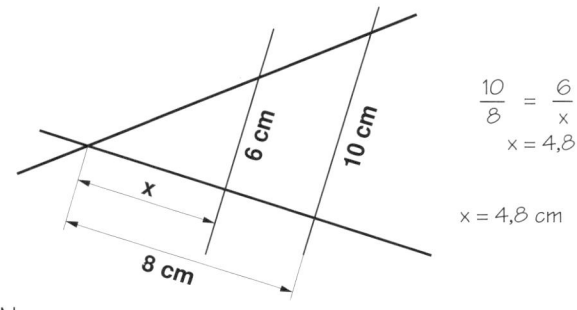

$$\frac{10}{8} = \frac{6}{x}$$
$$x = 4,8$$

x = 4,8 cm

Name: _____

Wo finde ich jemanden, der ... mir die Kästchen ausfüllen kann?

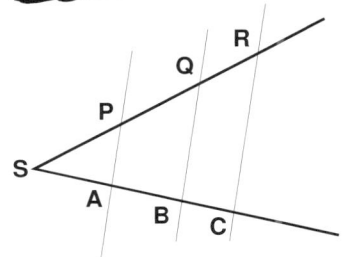

(S, P, Q, R, A, B, C)

a) $\frac{|SB|}{|SA|} = \frac{|SQ|}{|SP|}$

b) $\frac{|SC|}{|SA|} = \frac{|SR|}{|SP|}$

c) $\frac{|SQ|}{|QR|} = \frac{|SB|}{|BC|}$

Name: _____

Wo finde ich jemanden, der ... mir die Höhe h des Körpers berechnet?

$$\frac{h}{h-20} = \frac{8}{6} \qquad |\cdot(h-20)$$
$$h = \frac{8 \cdot (h-20)}{6} \qquad |\cdot 6$$
$$6h = 8h - 160 \qquad |-8h$$
$$-2h = -160 \qquad |:(-2)$$
$$h = 80 \text{ (cm)}$$

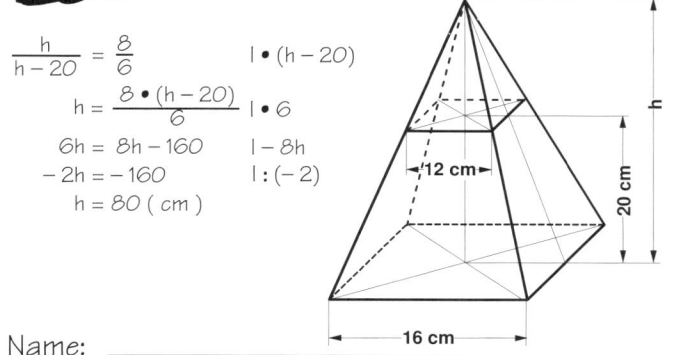

(12 cm, 20 cm, 16 cm, h)

Name: _____

Wo finde ich jemanden, der ... mir sagen kann, wie breit der See ist?

(276 m, 114 m, 204 m)

$$\frac{276}{114} = \frac{x + 204}{204}$$
$$56304 = 114x + 23256$$
$$33048 = 114x$$
$$x \approx 289,895$$

Der See ist 290 m breit.

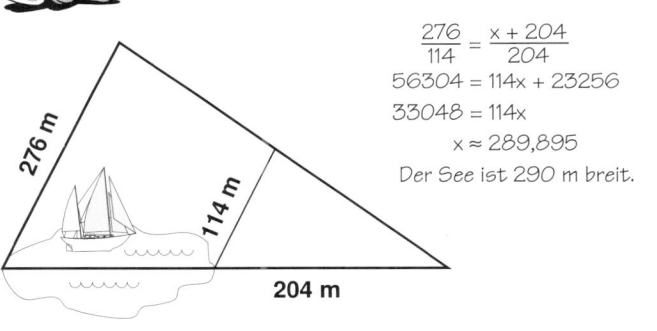

Name: _____

Wo finde ich jemanden, der ... mir sagen kann, wie breit der Fluss ist?

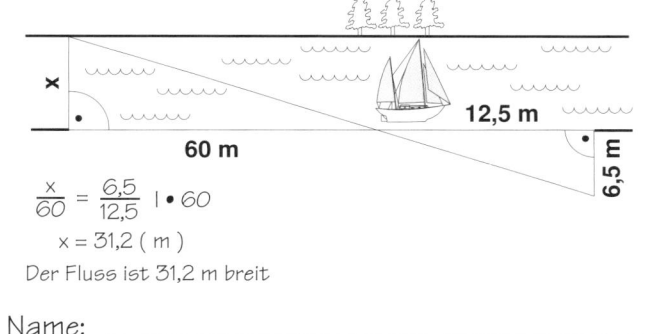

(x, 60 m, 12,5 m, 6,5 m)

$$\frac{x}{60} = \frac{6,5}{12,5} \qquad |\cdot 60$$
$$x = 31,2 \text{ (m)}$$

Der Fluss ist 31,2 m breit

Name: _____

Wo finde ich jemanden, der ... mir sagen kann, welchen Höhenunterschied eine Straße auf einer Länge von 2,7 km mit diesem Gefälle überwindet?

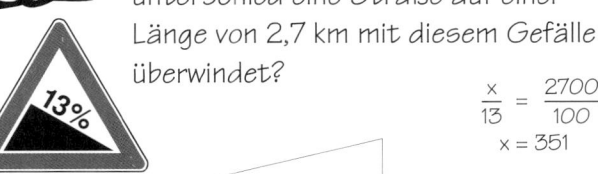

13%

(13 m, 100 m, x m, 2700 m)

$$\frac{x}{13} = \frac{2700}{100}$$
$$x = 351$$

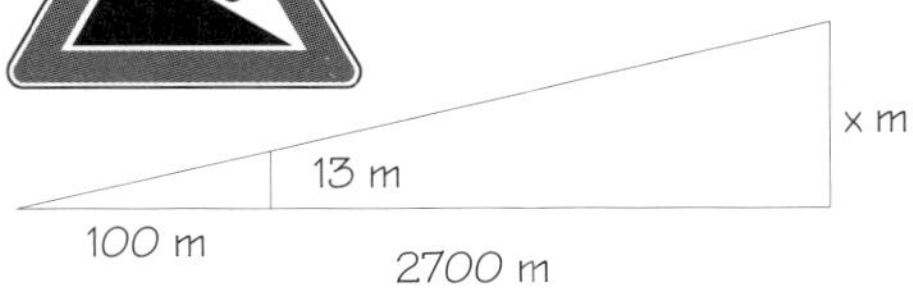

Der Höhenunterschied beträgt 351 m.

Name: _____

Wo finde ich jemanden, der ... die Strecke x in den Trapezen berechnet (Maße in mm)?

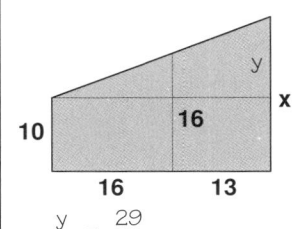

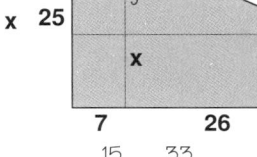

(10, 16, y, x, 16, 13) — (25, y, x, 10, 7, 26)

$$\frac{y}{6} = \frac{29}{16}$$
$$y = 10,9 \quad x = 20,9$$

$$\frac{15}{y} = \frac{33}{26}$$
$$y = 11,8 \quad x = 21,8$$

Name: _____

Kreis und Kreisteile

Wo finde ich jemanden, der ...

mir die Größe der gekennzeichneten Fläche berechnet?

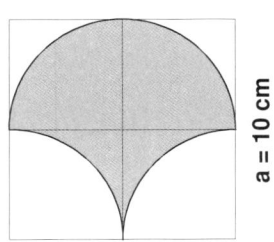

a = 10 cm, a = 10 cm

Name: _____

Wo finde ich jemanden, der ...

mir die fehlenden Größen in einem Kreis berechnet?

r			
u	47 cm		23 km
A		168 mm²		370 m²

Name: _____

Wo finde ich jemanden, der ...

mir den Flächeninhalt dieses Kreisringes berechnet?

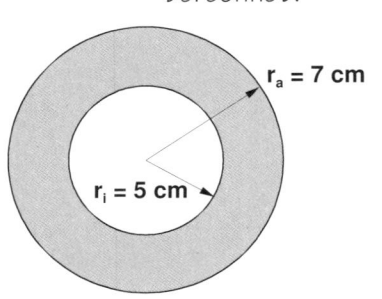

$r_a = 7$ cm
$r_i = 5$ cm

Name: _____

Wo finde ich jemanden, der ...

mir den Flächeninhalt dieses Kreisabschnitts berechnet?

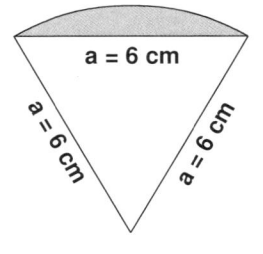

a = 6 cm, a = 6 cm, a = 6 cm

Name: _____

Wo finde ich jemanden, der ...

mir die Entfernung zweier Punkte A und B auf dem Äquator angeben kann, deren Längengerade sich um 2° unterscheiden (Erdradius 6370 km)?

Name: _____

Wo finde ich jemanden, der ...

mir sagen kann, welche Fläche ein 60 cm langer Minutenzeiger einer Kirchturmuhr in 12 Minuten überstreicht?

Name: _____

Wo finde ich jemanden, der ...

den Flächeninhalt der gekennzeichneten Figur berechnen kann?

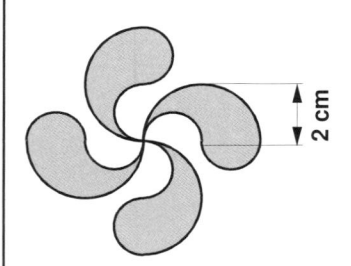

2 cm

Name: _____

Wo finde ich jemanden, der ...

den Flächeninhalt der gekennzeichneten Fläche berechnen kann?

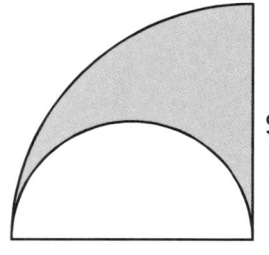

a = 12 cm

Name: _____

Kreis und Kreisteile

Kooperatives Lernen Klasse 9/10 — 53

Wo finde ich jemanden, der ...

mir die Größe der gekennzeichneten Fläche berechnet?

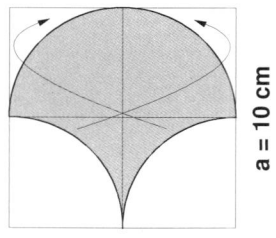

a = 10 cm, a = 10 cm

A = 50 cm²

Name: _____

Wo finde ich jemanden, der ...

mir die fehlenden Größen in einem Kreis berechnet?

r	7,5 cm	7,3 mm	3,66 km	10,85 m
u	47 cm	45,9 mm	23 km	68,2 m
A	176,7 cm²	168 mm²	42,1 km²	370 m²

Name: _____

Wo finde ich jemanden, der ...

mir den Flächeninhalt dieses Kreisringes berechnet?

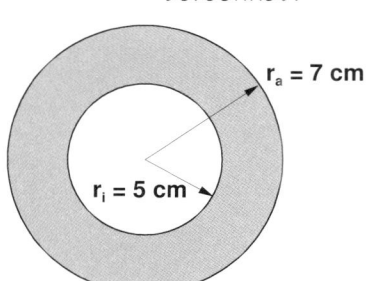

$r_a = 7$ cm, $r_i = 5$ cm

$A_{Kreisring} = r_a^2 \pi - r_i^2 \pi$

$A_{Kreisring} = \pi(7^2 - 5^2)$

$A_{Kreisring} \approx 75{,}4 \ (cm^2)$

Name: _____

Wo finde ich jemanden, der ...

mir den Flächeninhalt dieses Kreisabschnitts berechnet?

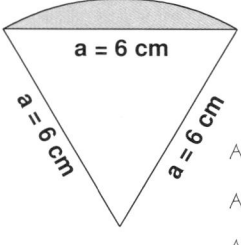

a = 6 cm, a = 6 cm, a = 6 cm

$A_{Kreisabschnitt} = A_{Kreisausschnitt} - A_{gleichseitiges\ Dreieck}$

$A_{Kreisabschnitt} = \dfrac{6^2 \cdot \pi \cdot 60°}{360°} - \dfrac{6^2 \sqrt{3}}{4}$

$A_{Kreisabschnitt} = 3{,}26 \ (cm^2)$

Name: _____

Wo finde ich jemanden, der ...

mir die Entfernung zweier Punkte A und B auf dem Äquator angeben kann, deren Längengerade sich um 2° unterscheiden (Erdradius 6370 km)?

$u_{Erde} = 2 \cdot 6370 \cdot \pi$

$u_{Erde} = 40024$ km

$E = \dfrac{40024 \cdot 2°}{360°}$

$E = 222{,}36 \ (km)$

Name: _____

Wo finde ich jemanden, der ...

mir sagen kann, welche Fläche ein 60 cm langer Minutenzeiger einer Kirchturmuhr in 12 Minuten überstreicht?

$A_{Kreisausschnitt} = \dfrac{60^2 \cdot \pi \cdot 72°}{360°}$

$A_{Kreisausschnitt} \approx 2261{,}9 \ (cm^2)$

Name: _____

Wo finde ich jemanden, der ...

den Flächeninhalt der gekennzeichneten Figur berechnen kann?

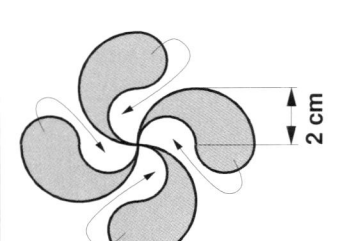

2 cm

$A = 2r^2 \pi$

$A \approx 25{,}13 \ (cm^2)$

Name: _____

Wo finde ich jemanden, der ...

den Flächeninhalt der gekennzeichneten Fläche berechnen kann?

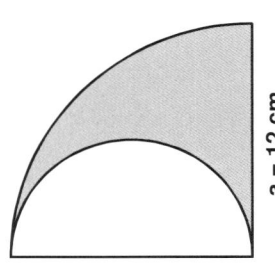

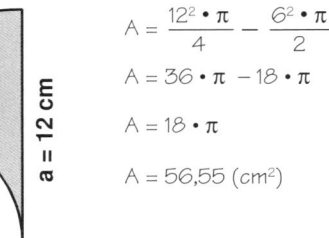

a = 12 cm

$A = \dfrac{12^2 \cdot \pi}{4} - \dfrac{6^2 \cdot \pi}{2}$

$A = 36 \cdot \pi - 18 \cdot \pi$

$A = 18 \cdot \pi$

$A = 56{,}55 \ (cm^2)$

Name: _____

Quadratwurzeln

Wo finde ich jemanden, der ... mir die Quadratwurzeln zusammenfasst?

a) $3\sqrt{7} + 5\sqrt{7} - 2\sqrt{7}$

b) $6{,}3\sqrt{15} - 2{,}8\sqrt{15}$

c) $\frac{3}{4}\sqrt{5} + 1\frac{1}{2}\sqrt{5} - \frac{5}{6}\sqrt{5}$

d) $3n\sqrt{b} - 0{,}23n\sqrt{b}$

Name: _____

Wo finde ich jemanden, der ... mir diese Terme vereinfachen kann?

a) $\sqrt{3}(\sqrt{27} + \sqrt{12})$

b) $\sqrt{x}(\sqrt{16x} + \sqrt{25x})$

c) $\sqrt{a}(\sqrt{a} + \sqrt{b}) - \sqrt{ab}$

d) $\sqrt{3m}(\sqrt{48m} - \sqrt{75m})$

Name: _____

Wo finde ich jemanden, der ... mir das Ergebnis im Kopf berechnet?

a) $\sqrt{8} \cdot \sqrt{12{,}5}$

b) $\sqrt{75} : \sqrt{3}$

c) $\sqrt{12} \cdot \sqrt{75}$

d) $\sqrt{1{,}5} : \sqrt{0{,}06}$

Name: _____

Wo finde ich jemanden, der ... mir das Ergebnis im Kopf berechnet?

a) $\sqrt{7\frac{1}{9}}$

b) $\sqrt{6\frac{1}{4}}$

c) $\sqrt{1\frac{17}{64}}$

d) $\sqrt{5\frac{19}{25}}$

Name: _____

Wo finde ich jemanden, der ... mir die Terme vereinfacht?

a) $(\sqrt{6} + \sqrt{3})(\sqrt{6} - \sqrt{3})$

b) $(\sqrt{a} - \sqrt{b})(\sqrt{a} + \sqrt{b})$

c) $(a\sqrt{m} - \sqrt{n})(a\sqrt{m} + \sqrt{n})$

d) $(\sqrt{6} + 2)^2$

Name: _____

Wo finde ich jemanden, der ... mir sagen kann, welche Terme sich ohne Wurzelzeichen schreiben lassen?

a) $\sqrt{a^4 b^2}$

b) $\sqrt{a^2 - 8a + 16}$

c) $\sqrt{a^2 + b^2}$

d) $\sqrt{(a+5)^2}$

Name: _____

Wo finde ich jemanden, der ... partiell Wurzelziehen kann und den Term vereinfacht?

a) $\sqrt{9a}$

b) $\sqrt{2a^2 b^2}$

c) $\sqrt{45x^2}$

d) $\sqrt{0{,}25x^2 y}$

Name: _____

Wo finde ich jemanden, der ... mir sagen kann, wie viel m Zaun man zur Einzäunung eines quadratischen Bauplatzes von 676 m² benötigt, wenn für die Einfahrt 5 m frei bleiben sollen?

Name: _____

Quadratwurzeln

Wo finde ich jemanden, der ... mir die Quadratwurzeln zusammenfasst?

a) $3\sqrt{7} + 5\sqrt{7} - 2\sqrt{7}$ $= 6\sqrt{7}$

b) $6{,}3\sqrt{15} - 2{,}8\sqrt{15}$ $= 3{,}5\sqrt{15}$

c) $\frac{3}{4}\sqrt{5} + 1\frac{1}{2}\sqrt{5} - \frac{5}{6}\sqrt{5}$ $= 1\frac{5}{12}\sqrt{5}$

d) $3n\sqrt{b} - 0{,}23n\sqrt{b}$ $= 2{,}77n\sqrt{b}$

Name: _____

Wo finde ich jemanden, der ... mir diese Terme vereinfachen kann?

a) $\sqrt{3}(\sqrt{27} + \sqrt{12})$ $= 15$

b) $\sqrt{x}(\sqrt{16x} + \sqrt{25x})$ $= 9x$

c) $\sqrt{a}(\sqrt{a} + \sqrt{b}) - \sqrt{ab}$ $= a$

d) $\sqrt{3m}(\sqrt{48m} - \sqrt{75m})$ $= -3m$

Name: _____

Wo finde ich jemanden, der ... mir das Ergebnis im Kopf berechnet?

a) $\sqrt{8} \cdot \sqrt{12{,}5}$ $= 10$

b) $\sqrt{75} : \sqrt{3}$ $= 5$

c) $\sqrt{12} \cdot \sqrt{75}$ $= 30$

d) $\sqrt{1{,}5} : \sqrt{0{,}06}$ $= 5$

Name: _____

Wo finde ich jemanden, der ... mir das Ergebnis im Kopf berechnet?

a) $\sqrt{7\frac{1}{9}}$ $= \frac{8}{3} = 2\frac{2}{3}$

b) $\sqrt{6\frac{1}{4}}$ $= \frac{5}{2} = 2\frac{1}{2}$

c) $\sqrt{1\frac{17}{64}}$ $= \frac{9}{8} = 1\frac{1}{8}$

d) $\sqrt{5\frac{19}{25}}$ $= \frac{12}{5} = 2\frac{2}{5}$

Name: _____

Wo finde ich jemanden, der ... mir die Terme vereinfacht?

a) $(\sqrt{6} + \sqrt{3})(\sqrt{6} - \sqrt{3})$ $= 3$

b) $(\sqrt{a} - \sqrt{b})(\sqrt{a} + \sqrt{b})$ $= a - b$

c) $(a\sqrt{m} - \sqrt{n})(a\sqrt{m} + \sqrt{n})$ $= a^2m - n$

d) $(\sqrt{6} + 2)^2$ $= 10 + 4\sqrt{6}$

Name: _____

Wo finde ich jemanden, der ... mir sagen kann, welche Terme sich ohne Wurzelzeichen schreiben lassen?

a) $\sqrt{a^4 b^2}$ $= a^2 b$

b) $\sqrt{a^2 - 8a + 16}$ $= a - 4$

c) $\sqrt{a^2 + b^2}$

d) $\sqrt{(a+5)^2}$ $= a + 5$

Name: _____

Wo finde ich jemanden, der ... partiell Wurzelziehen kann und den Term vereinfacht?

a) $\sqrt{9a}$ $= 3\sqrt{a}$

b) $\sqrt{2a^2 b^2}$ $= ab\sqrt{2}$

c) $\sqrt{45x^2}$ $= 3x\sqrt{5}$

d) $\sqrt{0{,}25x^2 y}$ $= 0{,}5x\sqrt{y}$

Name: _____

Wo finde ich jemanden, der ... mir sagen kann, wie viel m Zaun man zur Einzäunung eines quadratischen Bauplatzes von 676 m² benötigt, wenn für die Einfahrt 5 m frei bleiben sollen?

$u = 4 \cdot 26$
$u = 104$
Man benötigt 99 m Zaun.

Name: _____

Quadratische Funktionen

Kooperatives Lernen Klasse 9/10 — 56

Wo finde ich jemanden, der ...
mir die Funktionsgleichungen der Normalparabeln angeben kann?

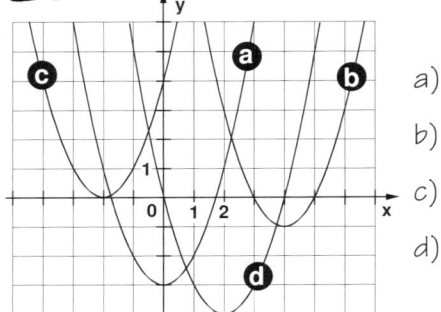

a)
b)
c)
d)

Name: _____

Wo finde ich jemanden, der ...
mir die Wertetabelle ergänzt und die Funktion zeichnet?

$y = x^2 - 3x + 4$

x	y
-0,5	
0	
0,5	
1	
1,5	
2	
3	
3,5	

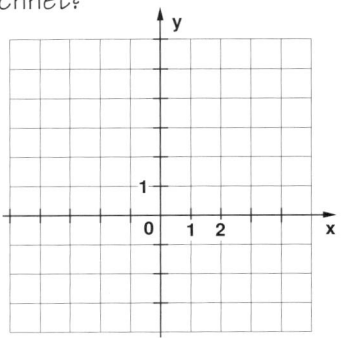

Name: _____

Wo finde ich jemanden, der ...
mir jeweils den Scheitelpunkt des Graphen der Funktion benennen kann?

a) $y = (x-2)^2 + 4$
b) $y = x^2 - 5$
c) $y = (x-4)^2$
d) $y = (x+2)^2 + 3$
e) $y = (x-1)^2 - 4$

Name: _____

Wo finde ich jemanden, der ...
mir den Scheitelpunkt der quadratischen Funktion $y = x^2 - 2x + 4$ berechnen kann?

Name: _____

Wo finde ich jemanden, der ...
mir den Scheitelpunkt der quadratischen Funktion
$y = 0{,}5x^2 - 3x + 2{,}5$ berechnen kann?

Name: _____

Wo finde ich jemanden, der ...
$y = x^2 - 8x - 15$ auf die Scheitelpunktform bringt, den Graphen zeichnet und die Nullstellen bestimmt?

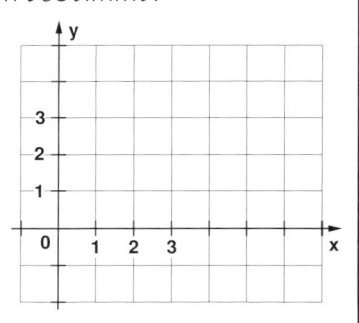

Name: _____

Wo finde ich jemanden, der ...
mir den Scheitelpunkt angibt und mir sagen kann, wie viele Nullstellen die Funktion hat?

a) $y = -(x+2)^2$
b) $y = (x+1)^2 - 0{,}5$
c) $y = (x-4)^2 + 2$
d) $y = x^2 - 4$
e) $y = (x+36)^2 + 2$

Name: _____

Wo finde ich jemanden, der ...
mir die Funktionsgleichung der Normalparabel in Scheitelpunktform und in Normalform nennen kann, die

a) um 4 Einheiten nach rechts und um 3 Einheiten nach unten verschoben wurde?

b) um 2,5 Einheiten nach links und um 2 Einheiten nach oben verschoben wurde?

Name: _____

Quadratische Funktionen

Wo finde ich jemanden, der ...
mir die Funktionsgleichungen der Normalparabeln angeben kann?

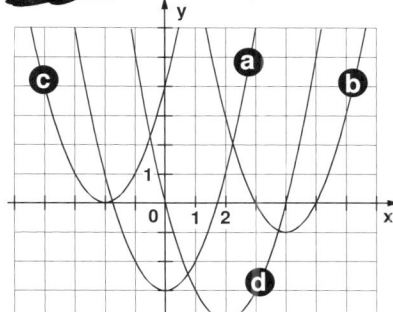

a) $y = x^2 - 3$
b) $y = (x - 4)^2 - 1$
c) $y = (x + 2)^2$
d) $y = (x - 2)^2 - 4$

Name: _____

Wo finde ich jemanden, der ...
mir die Wertetabelle ergänzt und die Funktion zeichnet?

$y = x^2 - 3x + 4$

x	y
−0,5	5,75
0	4
0,5	2,75
1	2
1,5	1,75
2	2
3	4
3,5	5,75

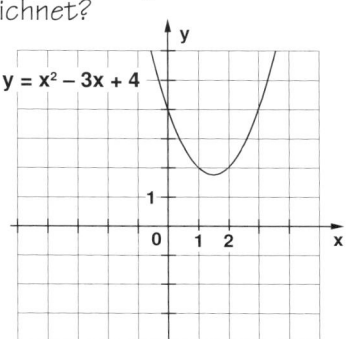

Name: _____

Wo finde ich jemanden, der ...
mir jeweils den Scheitelpunkt des Graphen der Funktion benennen kann?

a) $y = (x - 2)^2 + 4$ S(2 | 4)
b) $y = x^2 - 5$ S(0 | −5)
c) $y = (x - 4)^2$ S(4 | 0)
d) $y = (x + 2)^2 + 3$ S(−2 | 3)
e) $y = (x - 1)^2 - 4$ S(1 | −4)

Name: _____

Wo finde ich jemanden, der ...
mir den Scheitelpunkt der quadratischen Funktion $y = x^2 - 2x + 4$ berechnen kann?

$y = x^2 - 2x + 4$
$y = x^2 - 2x + 1 - 1 + 4$
$y = (x - 1)^2 + 3$
S(1 | 3)

Name: _____

Wo finde ich jemanden, der ...
mir den Scheitelpunkt der quadratischen Funktion $y = 0,5x^2 - 3x + 2,5$ berechnen kann?

$y = 0,5x^2 - 3x + 2,5$
$y = 0,5(x^2 - 6x + 5)$
$y = 0,5(x^2 - 6x + 9 - 9 + 5)$
$y = 0,5[(x - 3)^2 - 4]$
$y = 0,5(x - 3)^2 - 2$
S(3 | −2)

Name: _____

Wo finde ich jemanden, der ...
$y = x^2 - 8x - 15$ auf die Scheitelpunktform bringt, den Graphen zeichnet und die Nullstellen bestimmt?

$y = x^2 - 8x + 15$
$y = x^2 - 8x + 16 - 16 + 15$
$y = (x - 4)^2 - 1$

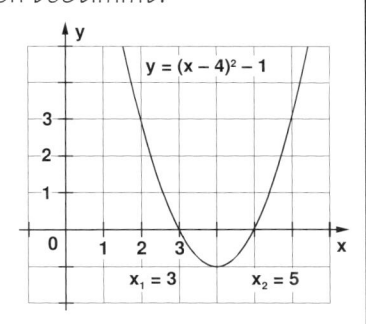

$x_1 = 3$ $x_2 = 5$

Name: _____

Wo finde ich jemanden, der ...
mir den Scheitelpunkt angibt und mir sagen kann, wie viele Nullstellen die Funktion hat?

a) $y = -(x + 2)^2$ S(−2 | 0)   eine Nullstelle
b) $y = (x + 1)^2 - 0,5$ S(−1 | −0,5)   zwei Nullstellen
c) $y = (x - 4)^2 + 2$ S(4 | 2)   keine Nullstelle
d) $y = x^2 - 4$ S(0 | −4)   zwei Nullstellen
e) $y = (x + 36)^2 + 2$ S(−36 | 2)   keine Nullstelle

Name: _____

Wo finde ich jemanden, der ...
mir die Funktionsgleichung der Normalparabel in Scheitelpunktform und in Normalform nennen kann, die

a) um 4 Einheiten nach rechts und um 3 Einheiten nach unten verschoben wurde?

$y = (x - 4)^2 - 3$ $y = x^2 - 8x + 13$

b) um 2,5 Einheiten nach links und um 2 Einheiten nach oben verschoben wurde?

$y = (x + 2,5)^2 + 2$ $y = x^2 + 5x + 8,25$

Name: _____

Körperberechnung

Wo finde ich jemanden, der ...

mir die fehlenden Größen der Prismen in der Tabelle ergänzen kann?

u	12 cm		20 m	
h	8 cm	7 dm		1,4 m
G	30 cm	40 dm²	50 m²	40 dm²
M		105 dm²	150 m²	
O				6,96 m²

Name: _____

Wo finde ich jemanden, der ...

mir sagen kann, wie groß das Volumen eines Würfels ist, der eine Oberfläche von 300 cm² hat?

Name: _____

Wo finde ich jemanden, der ...

mir das Volumen einer Boje berechnet, die einen Durchmesser von 80 cm hat und eine Gesamthöhe von 1,20 m, wobei sich die beiden Höhen der einzelnen Kegel wie 1 : 4 verhalten?

Name: _____

Wo finde ich jemanden, der ...

mir sagen kann, wie lang die Grundkante a einer quadratischen Pyramide sein muss, wenn sie eine Höhe von 2 m und ein Volumen von 1 m³ haben soll?

Name: _____

Wo finde ich jemanden, der ...

mir den Mantel M und die Oberfläche O eines Kegels mit r = 3 cm und s = 9 cm berechnet?

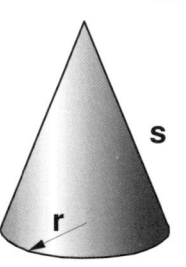

Name: _____

Wo finde ich jemanden, der ...

mir das Volumen einer quadratischen Pyramide mit a = 15 cm und h_s = 18 cm berechnet.

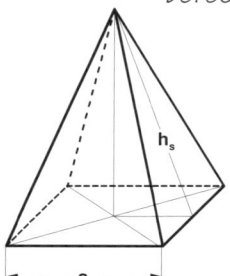

Name: _____

Wo finde ich jemanden, der ...

mir sagen kann, wie groß der Radius der Kugel und das Volumen des Würfels ist, wenn die Kugel genau in den Würfel hineinpasst und ein Volumen von 113,1 cm³ hat?

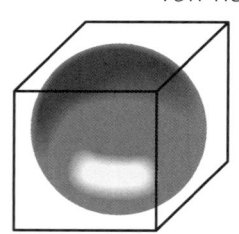

Name: _____

Wo finde ich jemanden, der ...

mir den Durchmesser der Kugel berechnet, die 5 kg wiegt und aus Gusseisen ($\rho = 7,2 \frac{g}{cm^3}$) gemacht ist.

Name: _____

Körperberechnung

Wo finde ich jemanden, der ...

mir die fehlenden Größen der Prismen in der Tabelle ergänzen kann?

u	12 cm	15 dm	20 m	4,4 m
h	8 cm	7 dm	7,5 m	1,4 m
G	30 cm	40 dm²	50 m²	40 dm²
M	96 cm²	105 dm²	150 m²	6,16 m²
O	156 cm²	185 dm²	250 m²	6,96 m²

Name: _____

Wo finde ich jemanden, der ...

mir sagen kann, wie groß das Volumen eines Würfels ist, der eine Oberfläche von 300 cm² hat?

$$O = 6 \cdot a^2$$
$$300 = 6 \cdot a^2$$
$$50 = a^2$$
$$a \approx 7{,}1 \ (cm)$$
$$V = a^3$$
$$V \approx 358 \ (cm^3)$$

Name: _____

Wo finde ich jemanden, der ...

mir das Volumen einer Boje berechnet, die einen Durchmesser von 80 cm hat und eine Gesamthöhe von 1,20 m, wobei sich die beiden Höhen der einzelnen Kegel wie 1 : 4 verhalten?

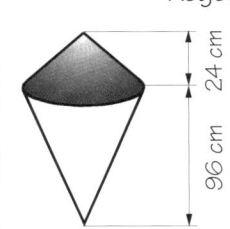

$$\frac{1}{4} = \frac{x}{120 - x}$$
$$1 \cdot (120 - x) = 4x$$
$$120 = 5x$$
$$24 = x$$
$$V = \frac{1}{3} \cdot \pi \cdot 40^2 \cdot (24 + 96)$$
$$V \approx 201062 \ (cm^3) \approx 201 \ (dm^3)$$

Name: _____

Wo finde ich jemanden, der ...

mir sagen kann, wie lang die Grundkante a einer quadratischen Pyramide sein muss, wenn sie eine Höhe von 2 m und ein Volumen von 1 m³ haben soll?

$$V_{Pyramide} = \frac{1}{3} \cdot a^2 \cdot h$$
$$a = \sqrt{\frac{3 \cdot V_{Pyramide}}{h}}$$
$$a = \sqrt{\frac{3 \cdot 1}{2}}$$
$$a \approx 1{,}225 \ (m)$$

Name: _____

Wo finde ich jemanden, der ...

mir den Mantel M und die Oberfläche O eines Kegels mit r = 3 cm und s = 9 cm berechnet?

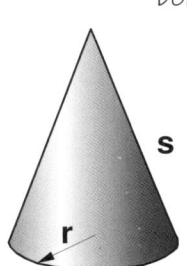

$$M = \pi \cdot r \cdot s$$
$$M = \pi \cdot 3 \cdot 9$$
$$M = 84{,}8 \ (cm^2)$$
$$O = \pi \cdot r \cdot s + r^2 \cdot \pi$$
$$O = 84{,}8 + 3^2 \cdot \pi$$
$$O = 113{,}10 \ (cm^2)$$

Name: _____

Wo finde ich jemanden, der ...

mir das Volumen einer quadratischen Pyramide mit a = 15 cm und h_s = 18 cm berechnet.

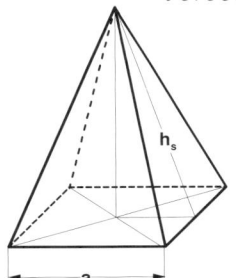

$$h = \sqrt{18^2 - 7{,}5^2}$$
$$h = 16{,}4 \ (cm)$$
$$V = \frac{1}{3} \cdot 15^2 \cdot 16{,}4$$
$$V = 1230 \ (cm^3)$$

Name: _____

Wo finde ich jemanden, der ...

mir sagen kann, wie groß der Radius der Kugel und das Volumen des Würfels ist, wenn die Kugel genau in den Würfel hineinpasst und ein Volumen von 113,1 cm³ hat?

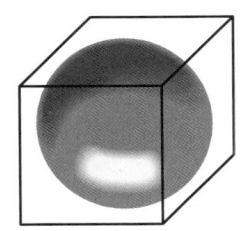

$$V_{Kugel} = \frac{4}{3} \cdot r^3 \cdot \pi$$
$$r = \sqrt[3]{\frac{3 \cdot 113{,}1}{4 \cdot \pi}}$$
$$r \approx 3{,}0 \ (cm)$$
$$V_{Würfel} = 6^3$$
$$V_{Würfel} = 216 \ (cm^3)$$

Name: _____

Wo finde ich jemanden, der ...

mir den Durchmesser der Kugel berechnet, die 5 kg wiegt und aus Gusseisen ($\rho = 7{,}2 \ \frac{g}{cm^3}$) gemacht ist?

$$V_{Kugel} = \frac{m_{Kugel}}{\rho}$$
$$V_{Kugel} = \frac{5000}{7{,}2}$$
$$V_{Kugel} \approx 694{,}4 \ (cm^3)$$
$$V_{Kugel} = \frac{4}{3} \cdot r_{Kugel}^3 \cdot \pi$$
$$r_{Kugel} = \sqrt[3]{\frac{3 \cdot V_{Kugel}}{4 \cdot \pi}} \qquad r_{Kugel} \approx 5{,}5 \ (cm)$$

Name: _____

Trigonometrie

Wo finde ich jemanden, der ...
mir die Winkel in einem gleichschenkligen Dreieck (a = b) mit a = 28,5 cm und c = 12,9 cm berechnet?

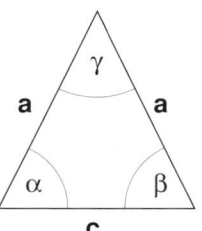

Name: _____

Wo finde ich jemanden, der ...
mir die Höhe und den Durchmesser eines Kegels berechnet, dessen Seitenkante 12,4 cm lang ist und mit der Grundfläche einen Winkel von 68° bildet?

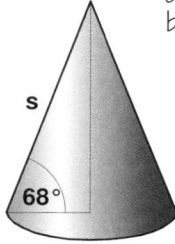

Name: _____

Wo finde ich jemanden, der ...
mir sagen kann, unter welchem Winkel α ein Flugzeug (mindestens) steigen muss, um einen Turm von 50 m Höhe zu überfliegen, der in 2800 m Entfernung vom Abhebepunkt steht?

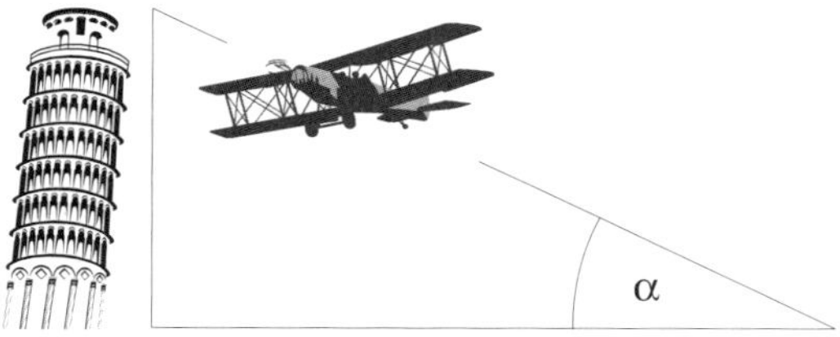

Name: _____

Wo finde ich jemanden, der ...
mir sagen kann, welchen Schatten eine 6,25 m hohe Tanne bei einem Sonnenstand von 32° wirft?

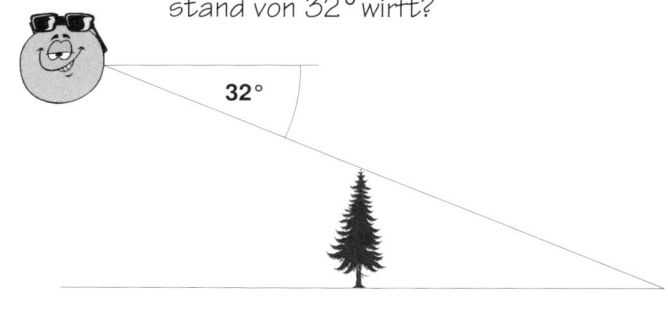

Name: _____

Wo finde ich jemanden, der ...
mir sagen kann, wie hoch ein Drachen steht, wenn die straff gespannte, 50 m lange Schnur mit dem Erdboden einen Winkel von 52° bildet?

Name: _____

Wo finde ich jemanden, der ...
mir sagen kann, wie hoch ein Sendemast ist, der mit Abspannseilen gesichert ist?

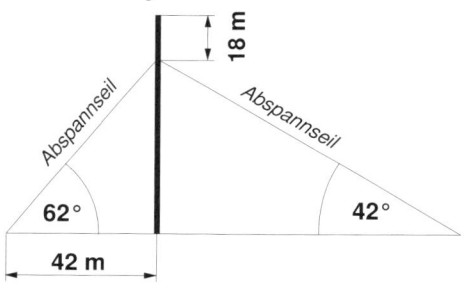

(18 m, 62°, 42°, 42 m)

Name: _____

Wo finde ich jemanden, der ...
mir berechnen kann, wie weit ein Beobachter von einem Fesselballon mit einem Durchmesser d = 20 m entfernt ist, den er unter einem Sehwinkel von 0,4° betrachtet?

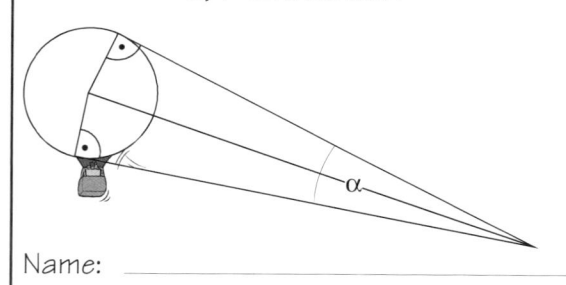

Name: _____

Wo finde ich jemanden, der ...
die Höhe des Eiffelturms aus diesen Angaben berechnen kann?

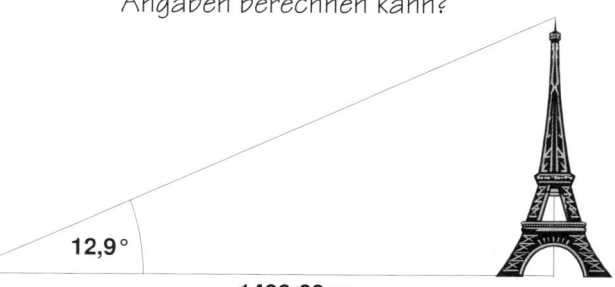

(12,9°, 1400,60 m)

Name: _____

Trigonometrie

Wo finde ich jemanden, der ...

mir die Winkel in einem gleichschenkligen Dreieck (a = b) mit a = 28,5 cm und c = 12,9 cm berechnet?

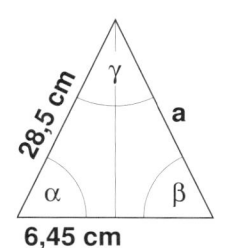

$$\cos \alpha = \frac{6{,}45}{28{,}5}$$
$$\alpha = 76{,}9°$$
$$\gamma = 180° - 2\alpha$$
$$\gamma = 26{,}2°$$

Name: _____

Wo finde ich jemanden, der ...

mir die Höhe und den Durchmesser eines Kegels berechnet, dessen Seitenkante 12,4 cm lang ist und mit der Grundfläche einen Winkel von 68° bildet?

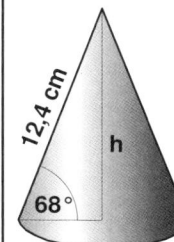

$$\sin 68° = \frac{h}{12{,}4}$$
$$h = 12{,}4 \cdot \sin 68°$$
$$h = 11{,}5 \ (cm)$$
$$\cos 68° = \frac{r}{12{,}4}$$
$$r = 12{,}4 \cdot \cos 68°$$
$$r = 4{,}65 \ (cm)$$
$$d = 9{,}3 \ (cm)$$

Name: _____

Wo finde ich jemanden, der ...

mir sagen kann, unter welchem Winkel α ein Flugzeug (mindestens) steigen muss, um einen Turm von 50 m Höhe zu überfliegen, der in 2800 m Entfernung vom Abhebepunkt steht?

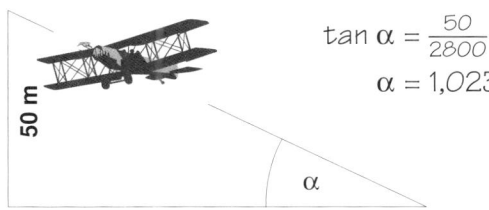

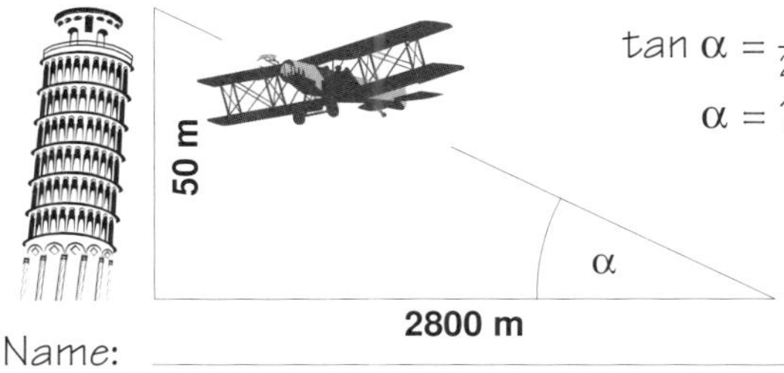

$$\tan \alpha = \frac{50}{2800}$$
$$\alpha = 1{,}023°$$

Name: _____

Wo finde ich jemanden, der ...

mir sagen kann, welchen Schatten eine 6,25 m hohe Tanne bei einem Sonnenstand von 32° wirft?

$$\tan 32° = \frac{6{,}25}{x}$$
$$x = \frac{6{,}25}{\tan 32°}$$
$$x \approx 10{,}0 \ (m)$$

Name: _____

Wo finde ich jemanden, der ...

mir sagen kann, wie hoch ein Drachen steht, wenn die straff gespannte, 50 m lange Schnur mit dem Erdboden einen Winkel von 52° bildet?

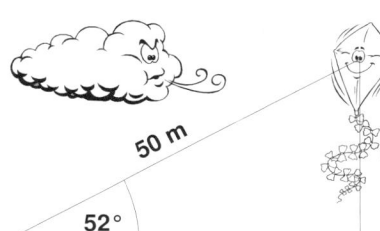

$$\sin 52° = \frac{h}{50}$$
$$h = 50 \cdot \sin 52°$$
$$h = 39{,}40 \ (m)$$

Name: _____

Wo finde ich jemanden, der ...

mir sagen kann, wie hoch ein Sendemast ist, der mit Abspannseilen gesichert ist?

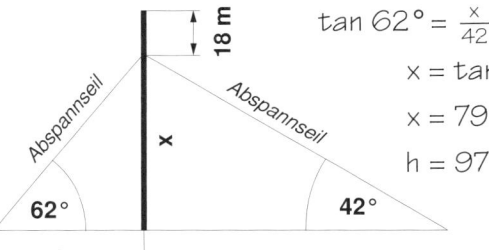

$$\tan 62° = \frac{x}{42}$$
$$x = \tan 62° \cdot 42$$
$$x = 79 \ (m)$$
$$h = 97 \ (m)$$

Name: _____

Wo finde ich jemanden, der ...

mir berechnen kann, wie weit ein Beobachter von einem Fesselballon mit einem Durchmesser d = 20 m entfernt ist, den er unter einem Sehwinkel von 0,4° betrachtet?

$$\sin 0{,}2° = \frac{10}{x}$$
$$x = \frac{10}{\sin 0{,}2°}$$
$$x = 2865 \ (m)$$

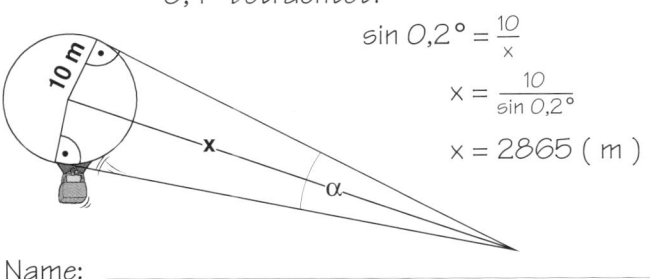

Name: _____

Wo finde ich jemanden, der ...

die Höhe des Eiffelturms aus diesen Angaben berechnen kann?

$$\tan 12{,}9° = \frac{x}{1401{,}60}$$
$$x = \tan 12{,}9° \cdot 1400{,}60$$
$$x \approx 320{,}8 \ (m)$$

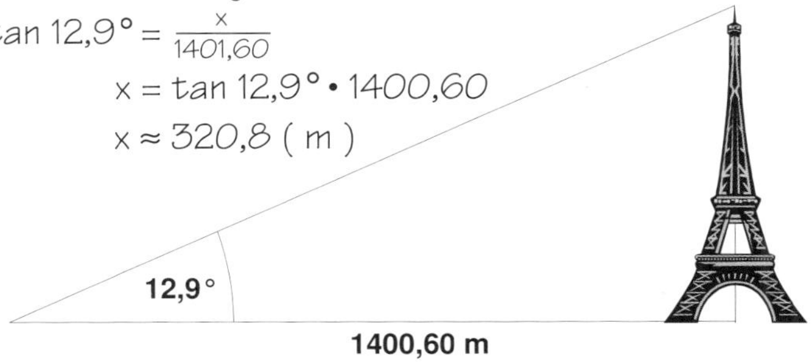

Name: _____

Exponentielle Zuordnungen

Wo finde ich jemanden, der ...

mir die Wertetabelle und den Graphen zu $y = 2^x$ erstellt?

x	y
−3	
−2	
−1	
−0,5	
0	
0,5	
1	
2	
3	

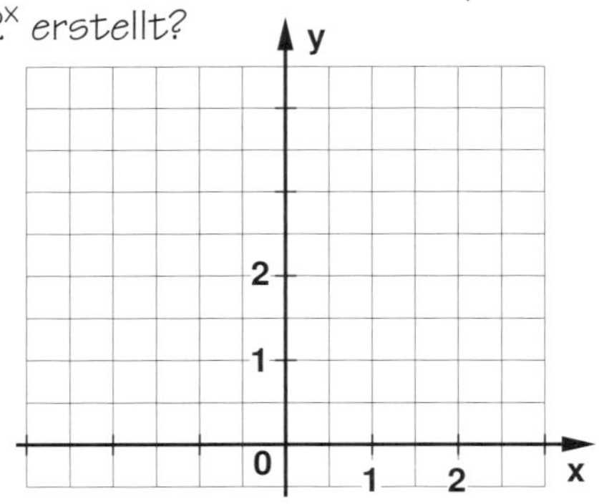

Name: _____

Wo finde ich jemanden, der ...

mir sagen kann, nach wie vielen Jahren sich ein Kapital bei einer jährlichen Verzinsung von

a) 2,5 % verdoppelt hat?

b) 5 % verdoppelt hat?

c) 7 % verdoppelt hat?

Name: _____

Wo finde ich jemanden, der ...

mir berechnet, auf wie viele Festmeter der Holzbestand eines Waldes in 8 Jahren steigt, wenn er jährlich um 3,5 % zunimmt und zum jetzigen Zeitpunkt 50 000 Festmeter beträgt?

Name: _____

Wo finde ich jemanden, der ...

mir die Graphen zu $y = 3^x$ und $y = (\frac{1}{3})^x$ skizzieren kann?

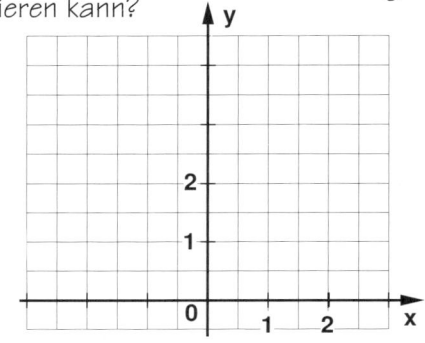

Name: _____

Wo finde ich jemanden, der ...

mir berechnet, nach wie vielen Tagen von einer anfänglichen Masse radioaktiven Jods 131 von 1 g weniger als 0,1 g vorhanden sind, wenn die Masse täglich um 8,3 % abnimmt?

Name: _____

Wo finde ich jemanden, der ...

mir die Basis b der Exponentialfunktion $y = b^x$ bestimmen kann, wobei der Graph durch den Punkt P(2 | 16) verläuft?

Name: _____

Wo finde ich jemanden, der ...

berechnet, zu wie viel Prozent ein Kapital von 2800 € angelegt worden ist, wenn es nach 5 Jahren auf 3600 € angewachsen ist?

Name: _____

Wo finde ich jemanden, der ...

berechnet, nach wie vielen Tagen ein Badesee, der durch Chemikalien mit 200 ppm (parts per million) verseucht wurde, nur noch eine Verunreinigung von weniger als 10 ppm aufweist, wenn diese Verunreinigung alle 5 Tage um 15 % abnimmt?

Name: _____

Exponentielle Zuordnungen

Wo finde ich jemanden, der ...

mir die Wertetabelle und den Graphen zu $y = 2^x$ erstellt?

x	y
−3	0,125
−2	0,25
−1	0,5
−0,5	0,707...
0	1
0,5	1,414...
1	2
2	4
3	8

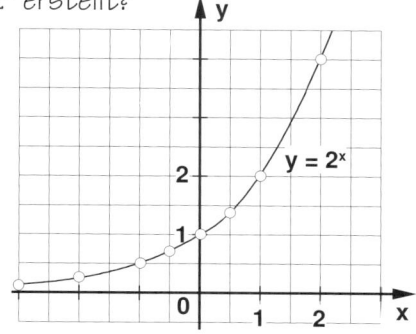

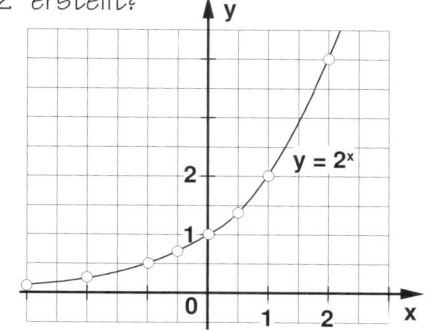

Name: _____

Wo finde ich jemanden, der ...

mir sagen kann, nach wie vielen Jahren sich ein Kapital bei einer jährlichen Verzinsung von

a) 2,5 % verdoppelt hat?
$1,025^{28} \approx 1,99649$ 28 Jahre

b) 5 % verdoppelt hat?
$1,05^{14} \approx 1,97993$ 14 Jahre

c) 7 % verdoppelt hat?
$1,07^{10} \approx 1,96715$ 10 Jahre

Name: _____

Wo finde ich jemanden, der ...

mir berechnet, auf wie viele Festmeter der Holzbestand eines Waldes in 8 Jahren steigt, wenn er jährlich um 3,5 % zunimmt und zum jetzigen Zeitpunkt 50 000 Festmeter beträgt?

$50000 \cdot 1,035^8 \approx 65840$

Der Holzbestand beträgt 65840 Festmeter.

Name: _____

Wo finde ich jemanden, der ...

mir die Graphen zu $y = 3^x$ und $y = \left(\frac{1}{3}\right)^x$ skizzieren kann?

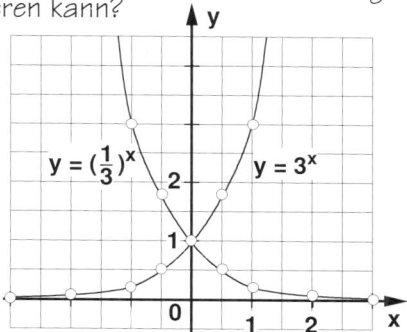

Name: _____

Wo finde ich jemanden, der ...

mir berechnet, nach wie vielen Tagen von einer anfänglichen Masse radioaktiven Jods 131 von 1 g weniger als 0,1 g vorhanden sind, wenn die Masse täglich um 8,3 % abnimmt?

$1 \cdot 0,917^x < 0,1$
$x \approx 27$
$1 \cdot 0,917^{26} \approx 0,1051$
$1 \cdot 0,917^{27} \approx 0,09637$

Name: _____

Wo finde ich jemanden, der ...

mir die Basis b der Exponentialfunktion $y = b^x$ bestimmen kann, wobei der Graph durch den Punkt P(2 | 16) verläuft?

$y = b^x$
$16 = b^2$
$b = 4$
$y = 4^x$

Name: _____

Wo finde ich jemanden, der ...

berechnet, zu wie viel Prozent ein Kapital von 2800 € angelegt worden ist, wenn es nach 5 Jahren auf 3600 € angewachsen ist?

$3600 = 2800 \cdot q^5$
$3600 : 2800 = q^5$
$q^5 = 1,285714286$
$q = \sqrt[5]{1,285714286}$
$q = 1,051547497$

Der Prozentsatz beträgt 5,15 %.

Name: _____

Wo finde ich jemanden, der ...

berechnet, nach wie vielen Tagen ein Badesee, der durch Chemikalien mit 200 ppm (parts per million) verseucht wurde, nur noch eine Verunreinigung von weniger als 10 ppm aufweist, wenn diese Verunreinigung alle 5 Tage um 15 % abnimmt?

$200 \cdot 0,85^x = 10$
$0,85^x = 0,05$
$x \cdot \log(0,85) = \log(0,05)$
$x = \log(0,05) : \log(0,85)$
$x = 18,43312827$

92,2 Tage

Name: _____

Potenzen und Wurzeln

Wo finde ich jemanden, der ... mir die jeweilige Zahl in eine Potenz umwandelt und alle Möglichkeiten angibt?

a) 16
b) 625
c) 729
d) 512
e) 64

Name: _____

Wo finde ich jemanden, der ... mir eines der Zeichen <, > oder = einsetzen kann?

a) $3^2 \ \square \ 2^3$
b) $2^4 \ \square \ 4^2$
c) $(-3)^5 \ \square \ (-3)^4$
d) $(-3)^2 \ \square \ (-2)^3$
e) $2^8 \ \square \ 8^3$

Name: _____

Wo finde ich jemanden, der ... mir diese Terme umformt bzw. vereinfacht?

a) $5^x \cdot 3^x$
b) $x^3 \cdot y^3$
c) $(a+b)^n \cdot (a-b)^n$
d) $(8a)^4 : (2a)^4$
e) $0{,}75^y \cdot 0{,}5^y \cdot 8^y$

Name: _____

Wo finde ich jemanden, der ... mir einen möglichst großen Faktor aus der Wurzel zieht.

a) $\sqrt{18}$
b) $\sqrt{80}$
c) $\sqrt{45}$
d) $\sqrt{252}$
e) $\sqrt{288}$

Name: _____

Wo finde ich jemanden, der ... so weit wie möglich die Wurzel zieht?

a) $\sqrt{\frac{16}{49}}$
b) $\sqrt{\frac{4}{81}}$
c) $\sqrt{\frac{25}{64}}$
d) $\sqrt[3]{\frac{125}{8}}$
e) $\sqrt[4]{\frac{16}{81}}$

Name: _____

Wo finde ich jemanden, der ... mir hilft, die Basis zu finden?

a) $\square^{\frac{3}{2}} = 8$
b) $\square^{\frac{3}{2}} = 125$
c) $\square^{\frac{3}{2}} = 343$
d) $\square^{\frac{3}{5}} = 8$
e) $\square^{\frac{3}{5}} = 27$

Name: _____

Wo finde ich jemanden, der ... möglichst praktisch diese Wurzeln berechnen kann?

a) $\sqrt{99 \cdot 11}$
b) $\sqrt{14 \cdot 21 \cdot 6}$
c) $\sqrt{60 \cdot 15}$
d) $\sqrt[3]{12 \cdot 50 \cdot 45}$
e) $\sqrt{117 \cdot 13}$

Name: _____

Wo finde ich jemanden, der ... die Potenzgesetze anwenden kann?

a) $r^4 \cdot r^7$
b) $(a \cdot b \cdot c)^3$
c) $\frac{21r^4}{35r^2}$
d) $8a^4 \cdot 3a^{-2}$
e) $(a^2)^5$

Name: _____

Potenzen und Wurzeln

Kooperatives Lernen Klasse 9/10 — 65

Wo finde ich jemanden, der ... mir die jeweilige Zahl in eine Potenz umwandelt und alle Möglichkeiten angibt?

a) 16 $16^1, 4^2, 2^4$
b) 625 $625^1, 25^2, 5^4$
c) 729 $729^1, 9^3, 3^6$
d) 512 $512^1, 2^9$
e) 64 $64^1, 8^2, 4^3, 2^6$

Name: _____

Wo finde ich jemanden, der ... mir eines der Zeichen <, > oder = einsetzen kann?

a) $3^2 \boxed{>} 2^3$
b) $2^4 \boxed{=} 4^2$
c) $(-3)^5 \boxed{<} (-3)^4$
d) $(-3)^2 \boxed{>} (-2)^3$
e) $2^8 \boxed{<} 8^3$

Name: _____

Wo finde ich jemanden, der ... mir diese Terme umformt bzw. vereinfacht?

a) $5^x \cdot 3^x = 15^x$
b) $x^3 \cdot y^3 = (x \cdot y)^3$
c) $(a+b)^n \cdot (a-b)^n = (a^2 - b^2)^n$
d) $(8a)^4 : (2a)^4 = 4^4 = 256$
e) $0{,}75^y \cdot 0{,}5^y \cdot 8^y = 3^y$

Name: _____

Wo finde ich jemanden, der ... mir einen möglichst großen Faktor aus der Wurzel zieht.

a) $\sqrt{18} = 3 \cdot \sqrt{2}$
b) $\sqrt{80} = 4 \cdot \sqrt{5}$
c) $\sqrt{45} = 3 \cdot \sqrt{5}$
d) $\sqrt{252} = 6 \cdot \sqrt{7}$
e) $\sqrt{288} = 12 \cdot \sqrt{2}$

Name: _____

Wo finde ich jemanden, der ... so weit wie möglich die Wurzel zieht?

a) $\sqrt{\frac{16}{49}} = \frac{4}{7}$
b) $\sqrt{\frac{4}{81}} = \frac{2}{9}$
c) $\sqrt{\frac{25}{64}} = \frac{5}{8}$
d) $\sqrt[3]{\frac{125}{8}} = \frac{5}{2}$
e) $\sqrt[4]{\frac{16}{81}} = \frac{2}{3}$

Name: _____

Wo finde ich jemanden, der ... mir hilft, die Basis zu finden?

a) $\boxed{4}^{\frac{3}{2}} = 8$
b) $\boxed{25}^{\frac{3}{2}} = 125$
c) $\boxed{49}^{\frac{3}{2}} = 343$
d) $\boxed{32}^{\frac{3}{5}} = 8$
e) $\boxed{243}^{\frac{3}{5}} = 27$

Name: _____

Wo finde ich jemanden, der ... möglichst praktisch diese Wurzeln berechnen kann?

a) $\sqrt{99 \cdot 11} = \sqrt{9 \cdot 11 \cdot 11} = 33$
b) $\sqrt{14 \cdot 21 \cdot 6} = \sqrt{2 \cdot 7 \cdot 3 \cdot 7 \cdot 2 \cdot 3} = 42$
c) $\sqrt{60 \cdot 15} = \sqrt{4 \cdot 15 \cdot 15} = 30$
d) $\sqrt[3]{12 \cdot 50 \cdot 45} = \sqrt[3]{3 \cdot 2^2 \cdot 2 \cdot 5^2 \cdot 5 \cdot 3^2} = 30$
e) $\sqrt{117 \cdot 13} = \sqrt{9 \cdot 13 \cdot 13} = 39$

Name: _____

Wo finde ich jemanden, der ... die Potenzgesetze anwenden kann?

a) $r^4 \cdot r^7 = r^{11}$
b) $(a \cdot b \cdot c)^3 = a^3 b^3 c^3$
c) $\frac{21 r^4}{35 r^2} = \frac{3}{5} r^2$
d) $8a^4 \cdot 3a^{-2} = 24 a^2$
e) $(a^2)^5 = a^{10}$

Name: _____

Placemats

Bei der Placemat-Methode (Platzdeckchen) werden die Schüler in Dreier- und Vierer-Gruppen eingeteilt. Normalerweise soll jede Gruppe auf Flip-Chartpapier ihr eigenes Schreibfeld entwickeln. In die Mitte des Blattes wird ein Kreis oder ein Viereck gezeichnet, worin die Ideen der Gruppe aufgezeichnet werden. Der restliche Platz wird so eingeteilt, dass jeder Teilnehmer ein eigenes Feld hat, um seine Ideen aufzuschreiben.

Beispiele: Vierer-Placemat, Dreier-Placemat, Fünfer-Placemat

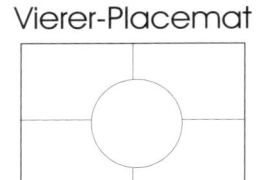

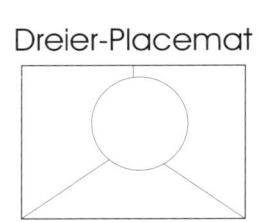

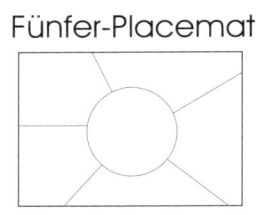

Nach der Bekanntgabe des Themas durch den Lehrer schreiben alle ihre Ideen bzw. Lösungsvorschläge auf. Anschließend werden die einzelnen Vorschläge diskutiert und Konsens darüber erreicht, welcher Vorschlag akzeptabel ist. Dieser Vorschlag wird in die Mitte des Feldes geschrieben. Jedes Mitglied der Gruppe muss in der Lage sein, diesen Vorschlag vortragen zu können.

Bei dieser Methode können Ideen ausgetauscht, diskutiert und strukturiert werden.

Für den Mathematikunterricht bietet sich diese Methode besonders für die sogenannten Fermi-Aufgaben an. Ihren Namen tragen diese Aufgaben zu Ehren des italienisch-amerikanischen Physikers Enrico Fermi, der seine Studenten mit Aufgaben beschäftigte wie »Wie viele Klavierstimmer gibt es in New York?«. Für solche Aufgaben sollte man Größen überschlagen können, ohne dass man unheimlich in Mathematik bewandert sein musste.

In »Mathematikaufgaben selbst entwickeln« werden solche Aufgaben formuliert:

»Wie viele Mathematiklehrer wohnen wohl in meiner Heimatstadt?«

»Wie viele Quadratmeter Bart rasiert ein Mann in seinem Leben?«

»Wie viele Liter Wasser tropfen am Tag aus einem undichten Hahn?«

»Wie viele Menschen stecken in einem 10 km langen Stau?«

Fermi-Fragen zu finden, ist einfach, wenn man erst einmal ihren besonderen Charakter verstanden hat. Man muss nur mit der »mathematischen Brille« durch die Welt laufen, d. h. seine Umwelt mit einer für die Mathematik typischen Fragehaltung betrachten.[1]

Manche Urlaubsbilder lassen sich sofort für den Unterricht umsetzen (s. Placemats 7, 8 und 10), manchmal hilft auch nur das aufmerksame Lesen von Zeitungen, um Aufgaben zu kreieren (s. Placemats 5 und 9).

Bei den hier vorgestellten 12 Beispielen wurde der Aufgabentext bereits vorgegeben. Jeder Teilnehmer einer Vierergruppe hat seinen eigenen Text vor sich und kann seine Lösungsvorschläge aufschreiben. Die gemeinsame Lösung wird in die Mitte des Blattes geschrieben. Es empfiehlt sich, das Blatt auf DIN A3 zu vergrößern.

Nach Bearbeitung der Aufgaben wird für jede Gruppe ausgelost, wer den Lösungsvorschlag präsentiert.

---

[1] Andreas Büchter, Timo Leuders: Mathematikaufgaben selbst entwickeln, Berlin, 2005; S. 158 f.

Placemat 1

Wie viele Jahre hat wohl eine 65jährige Person damit verbracht, sich Fernsehprogramme, Nachrichten, etc. anzuschauen?

Wie viele Jahre hat wohl eine 65jährige Person damit verbracht, sich Fernsehprogramme, Nachrichten, etc. anzuschauen?

Wie viele Jahre hat wohl eine 65jährige Person damit verbracht, sich Fernsehprogramme, Nachrichten, etc. anzuschauen?

Wie viele Jahre hat wohl eine 65jährige Person damit verbracht, sich Fernsehprogramme, Nachrichten, etc. anzuschauen?

MATT 1 — Mary Mopper und der Zaubertrank

gemeinsame Lösung:

Placemat 2

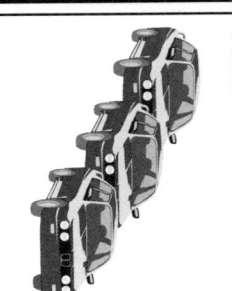

Kooperatives Lernen Klasse 5/6 — 68

Marcel hat im Radio gehört, dass ein Stau von 13 km Länge auf der A3 ist. Er weiß, dass diese Autobahn dreispurig ist. Ein Auto ist durchschnittlich 5 m lang. Der Abstand vorne und hinten beträgt ungefähr 1 m. Wie viele Autos und Menschen stehen wohl im Stau?

Marcel hat im Radio gehört, dass ein Stau von 13 km Länge auf der A3 ist. Er weiß, dass diese Autobahn dreispurig ist. Ein Auto ist durchschnittlich 5 m lang. Der Abstand vorne und hinten beträgt ungefähr 1 m. Wie viele Autos und Menschen stehen wohl im Stau?

Marcel hat im Radio gehört, dass ein Stau von 13 km Länge auf der A3 ist. Er weiß, dass diese Autobahn dreispurig ist. Ein Auto ist durchschnittlich 5 m lang. Der Abstand vorne und hinten beträgt ungefähr 1 m. Wie viele Autos und Menschen stehen wohl im Stau?

Marcel hat im Radio gehört, dass ein Stau von 13 km Länge auf der A3 ist. Er weiß, dass diese Autobahn dreispurig ist. Ein Auto ist durchschnittlich 5 m lang. Der Abstand vorne und hinten beträgt ungefähr 1 m. Wie viele Autos und Menschen stehen wohl im Stau?

gemeinsame Lösung:

gemeinsame Lösung:

gemeinsame Lösung:

gemeinsame Lösung:

Placemat 3

Wie viele km Spaghetti hast du wohl in deinem Leben gegessen?

Wie viele km Spaghetti hast du wohl in deinem Leben gegessen?

Wie viele km Spaghetti hast du wohl in deinem Leben gegessen?

Wie viele km Spaghetti hast du wohl in deinem Leben gegessen?

gemeinsame Lösung:

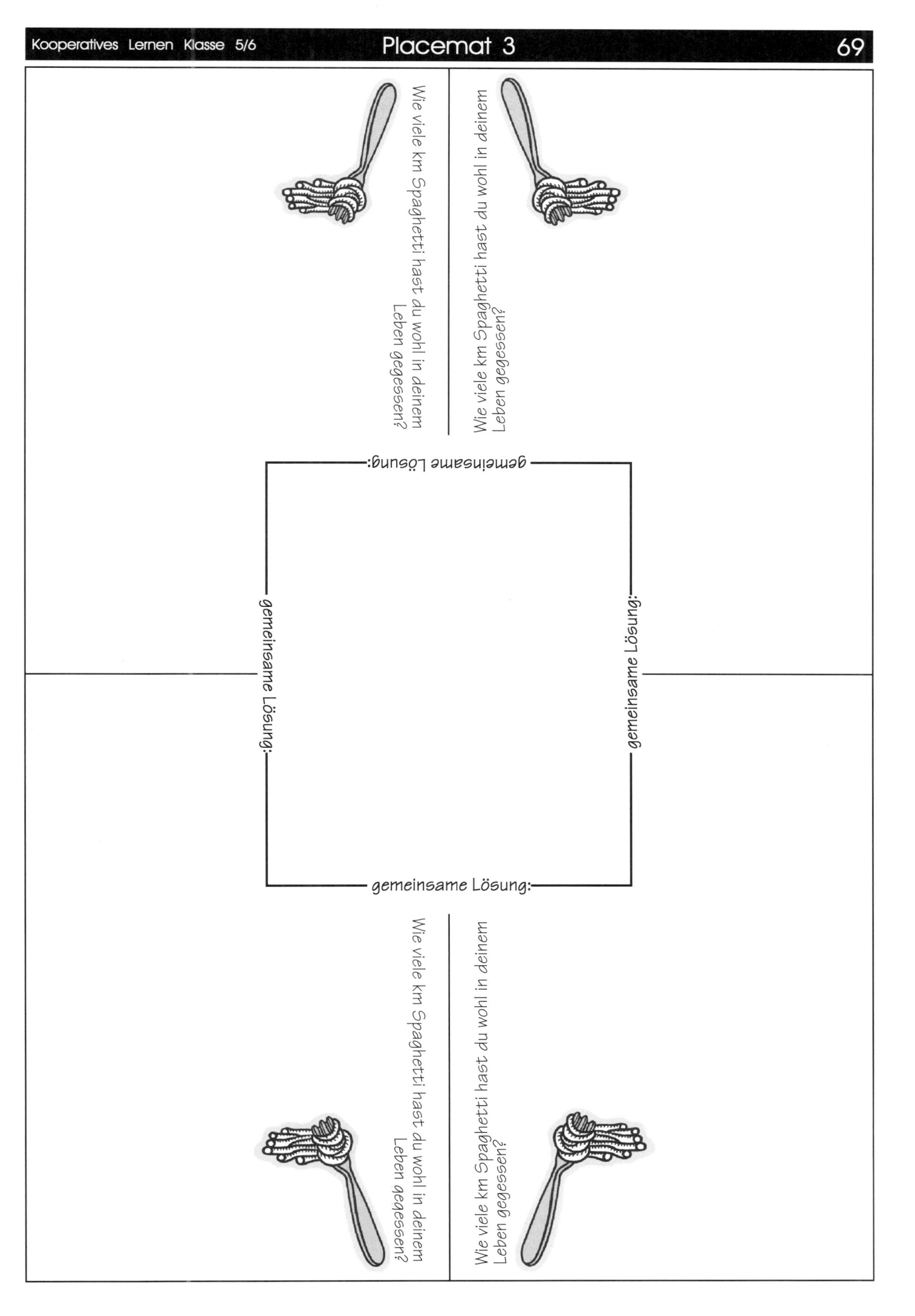

Placemat 4

Ein Gedicht von Adam Ries

Unten an einer schönen Linden
war gar ein kleiner Wurm zu finden.
Der kroch hinauf mit aller Macht,
acht Ellen richtig bei der Nacht,
und alle Tage kroch er wieder
vier Ellen dran hernieder.
Zwölf Nächte trieb er dieses Spiel,
bis dass er von der Spitze fiel,
am Morgen in die Pfütze,
und kühlt sich ab von seiner Hitze.
Mein Schüler, sage ohne Scheu,
wie hoch dieselbe Linde sei!

Adam Ries (1492 - 1559), *deutscher Rechenmeister.*
*Er war der Verfasser eines der ersten deutschen Rechenbücher.
Sicherlich hast du schon mal die Redewendung »nach Adam Riese« gehört,
die mal ein Schüler ergänzt hat: »Nach Adam Riese und Eva Zwerg«.*

gemeinsame Lösung:

gemeinsame Lösung:

gemeinsame Lösung:

Placemat 5

Bräutigam ist 72 Jahre älter als die Braut

Genau fünfmal so alt wie seine Braut, aber fit und unternehmungslustig stand jetzt in Solingen ein ★-jähriger Bräutigam vor Horst Strotmann, Chef des Standesamtes. Der staunte nicht schlecht über den Altersunterschied des Paares - immerhin 72 Jahre.

Er war einst selbständiger Handwerker, sie verdient ihr tägliches Brot als Alten- und Krankenbetreuerin, aber nicht deshalb, sondern aus Liebe wolle er die junge Frau heiraten, beteuerte der Bräutigam. Und die Braut versicherte vor der Trauung, für sie sei es Nebensache, dass ihr künftiger Mann vermögend sei. (waz)

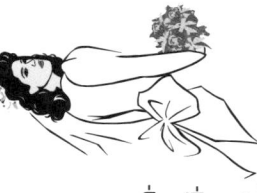

Wie alt ist die Braut?

---

gemeinsame Lösung:

Placemat 6

Kooperatives Lernen Klasse 7/8

gemeinsame Lösung:

Vergesst fast alles, was ihr an Formeln zum Flächeninhalt des Dreiecks gelernt habt und entwickelt ein geeignetes Verfahren, wie man den Flächeninhalt des abgebildeten Dreiecks im Koordinatensystem exakt berechnen kann. Wie wär´s mal mit Kästchenabzählen?

(Vier gleichlautende Arbeitsbereiche mit Koordinatensystemen und Dreiecken mit den Eckpunkten A, B und C sind um das mittlere Feld „gemeinsame Lösung" angeordnet.)

Placemat 7

gemeinsame Lösung:

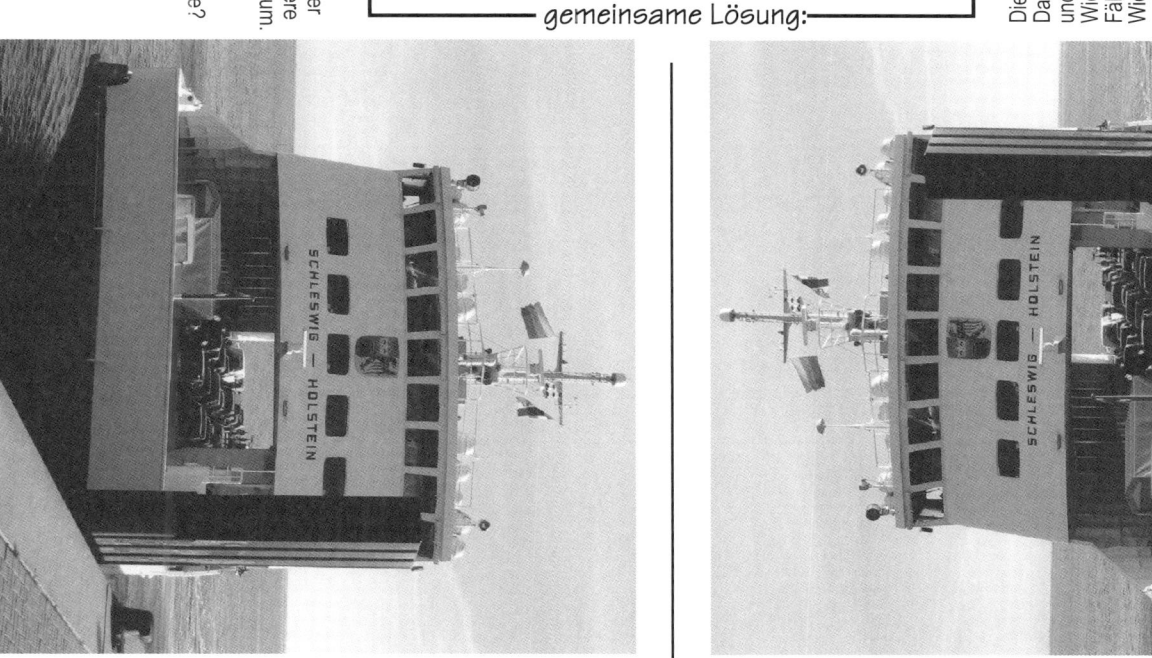

Die Fähre Schleswig-Holstein der Wyker Dampfschiffs-Reederei bringt Passagiere und Autos auf die Inseln Föhr und Amrum.
Wie lang und wie breit könnte diese Fähre sein?
Wie viele Autos passen auf diese Fähre?

Die Fähre Schleswig-Holstein der Wyker Dampfschiffs-Reederei bringt Passagiere und Autos auf die Inseln Föhr und Amrum.
Wie lang und wie breit könnte diese Fähre sein?
Wie viele Autos passen auf diese Fähre?

Die Fähre Schleswig-Holstein der Wyker Dampfschiffs-Reederei bringt Passagiere und Autos auf die Inseln Föhr und Amrum.
Wie lang und wie breit könnte diese Fähre sein?
Wie viele Autos passen auf die Fähre?

Die Fähre Schleswig-Holstein der Wyker Dampfschiffs-Reederei bringt Passagiere und Autos auf die Inseln Föhr und Amrum.
Wie lang und wie breit könnte diese Fähre sein?
Wie viele Autos passen auf diese Fähre?

Placemat 8

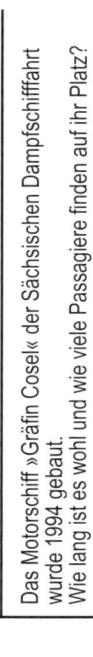

Das Motorschiff »Gräfin Cosel« der Sächsischen Dampfschifffahrt wurde 1994 gebaut.
Wie lang ist es wohl und wie viele Passagiere finden auf ihr Platz?

— gemeinsame Lösung: —

Placemat 9

Unverschämte Anpassung

Hier kommen die Leserinnen und Leser der WAZ zu Wort. Dabei gilt: Ein Rechtsanspruch auf Veröffentlichung von Leserzuschriften besteht nicht. Die Redaktion behält sich das Recht auf Kürzung vor. Anonyme Zuschriften werden grundsätzlich nicht veröffentlicht.

Zur Preisanpassung des Stromtarifs:

Es ist eine Unverschämtheit, in zwei Jahren eine Strompreiserhöhung von 26,5 Prozent von der staatlichen Strompreisaufsicht zu genehmigen (RWE lässt grüßen).
Eine Aufstellung der Preisanpassungen/Erhöhungen:
Zum 1.1.03 von 9,87 Cent auf 10,62 Cent = 8,6 Prozent Erhöhung;
Zum 1.5.04 von 10,62 Cent auf 11,24 Cent = 5,8 Prozent Erhöhung.
Zum 1.1.05 von 11,24 Cent auf 12,6 Cent = 12,1 Prozent Erhöhung (nach sieben Monaten.
Das ergibt besagte Gesamterhöhung von 26,5 Prozent in zwei Jahren.

a) Überprüft, ob der Schreiber des Briefes richtig gerechnet hat.
b) Wie ist der Schreiber des Briefes auf 26,5 % gekommen?
c) Rechne die Preiserhöhung mit 100 € durch.
Auf welche prozentuale Erhöhung kommst du?

---

gemeinsame Lösung:

Placemat 10

Hier siehst du einen kleinen Teil eines Baumes in einem Nationalpark Kanadas. Welchen Umfang könnte dieser Baum haben? Wie groß könnte die Schnittfläche sein, wenn dieser Baum gefällt würde?

Hier siehst du einen kleinen Teil eines Baumes in einem Nationalpark Kanadas. Welchen Umfang könnte dieser Baum haben? Wie groß könnte die Schnittfläche sein, wenn dieser Baum gefällt würde?

Hier siehst du einen kleinen Teil eines Baumes in einem Nationalpark Kanadas. Welchen Umfang könnte dieser Baum haben? Wie groß könnte die Schnittfläche sein, wenn dieser Baum gefällt würde?

Hier siehst du einen kleinen Teil eines Baumes in einem Nationalpark Kanadas. Welchen Umfang könnte dieser Baum haben? Wie groß könnte die Schnittfläche sein, wenn dieser Baum gefällt würde?

gemeinsame Lösung:

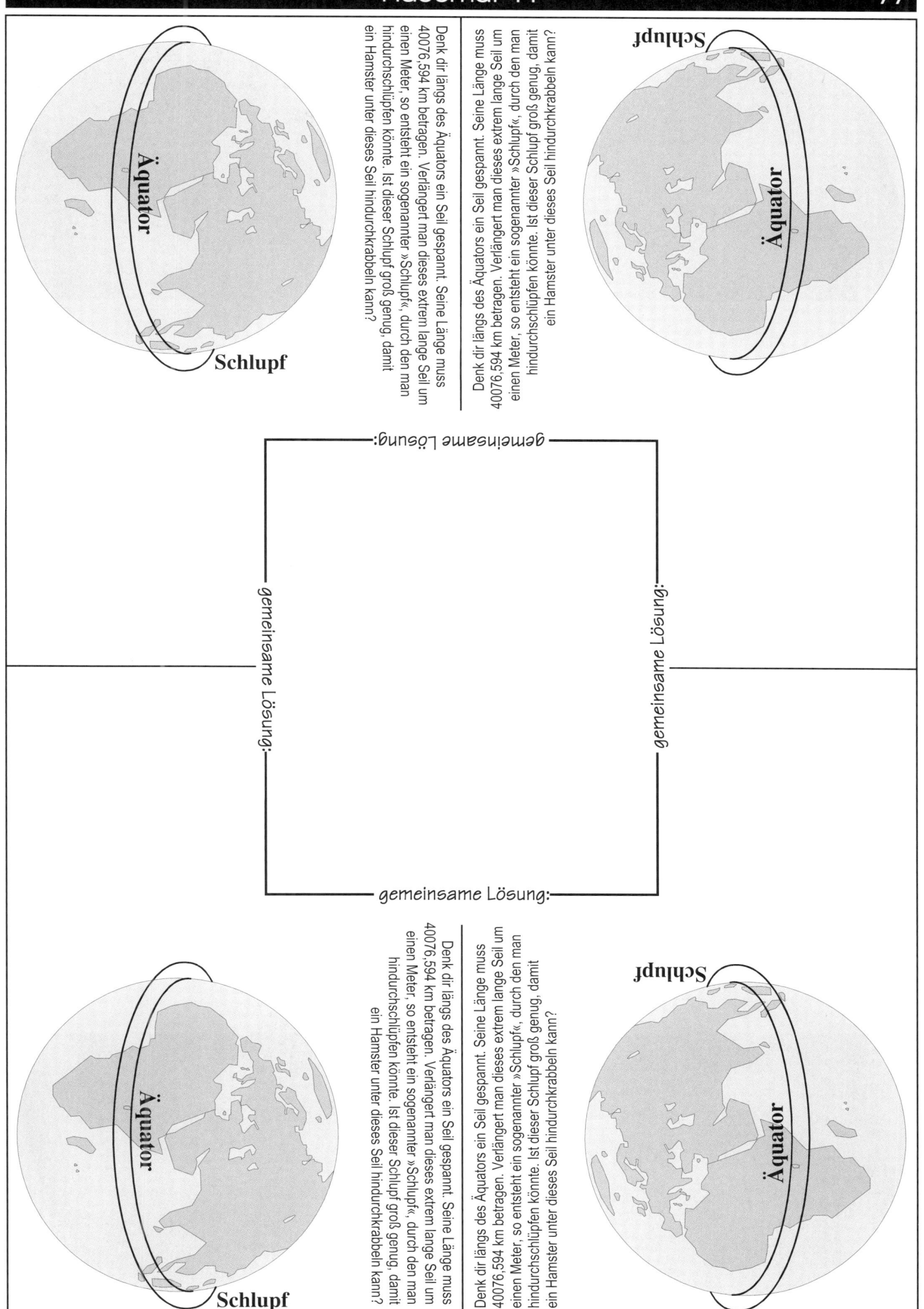

Placemat 11

Denk dir längs des Äquators ein Seil gespannt. Seine Länge muss 40076,594 km betragen. Verlängert man dieses extrem lange Seil um einen Meter, so entsteht ein sogenannter »Schlupf«, durch den man hindurchschlüpfen könnte. Ist dieser Schlupf groß genug, damit ein Hamster unter dieses Seil hindurchkrabbeln kann?

Denk dir längs des Äquators ein Seil gespannt. Seine Länge muss 40076,594 km betragen. Verlängert man dieses extrem lange Seil um einen Meter, so entsteht ein sogenannter »Schlupf«, durch den man hindurchschlüpfen könnte. Ist dieser Schlupf groß genug, damit ein Hamster unter dieses Seil hindurchkrabbeln kann?

Denk dir längs des Äquators ein Seil gespannt. Seine Länge muss 40076,594 km betragen. Verlängert man dieses extrem lange Seil um einen Meter, so entsteht ein sogenannter »Schlupf«, durch den man hindurchschlüpfen könnte. Ist dieser Schlupf groß genug, damit ein Hamster unter dieses Seil hindurchkrabbeln kann?

Denk dir längs des Äquators ein Seil gespannt. Seine Länge muss 40076,594 km betragen. Verlängert man dieses extrem lange Seil um einen Meter, so entsteht ein sogenannter »Schlupf«, durch den man hindurchschlüpfen könnte. Ist dieser Schlupf groß genug, damit ein Hamster unter dieses Seil hindurchkrabbeln kann?

gemeinsame Lösung:

gemeinsame Lösung:

gemeinsame Lösung:

gemeinsame Lösung:

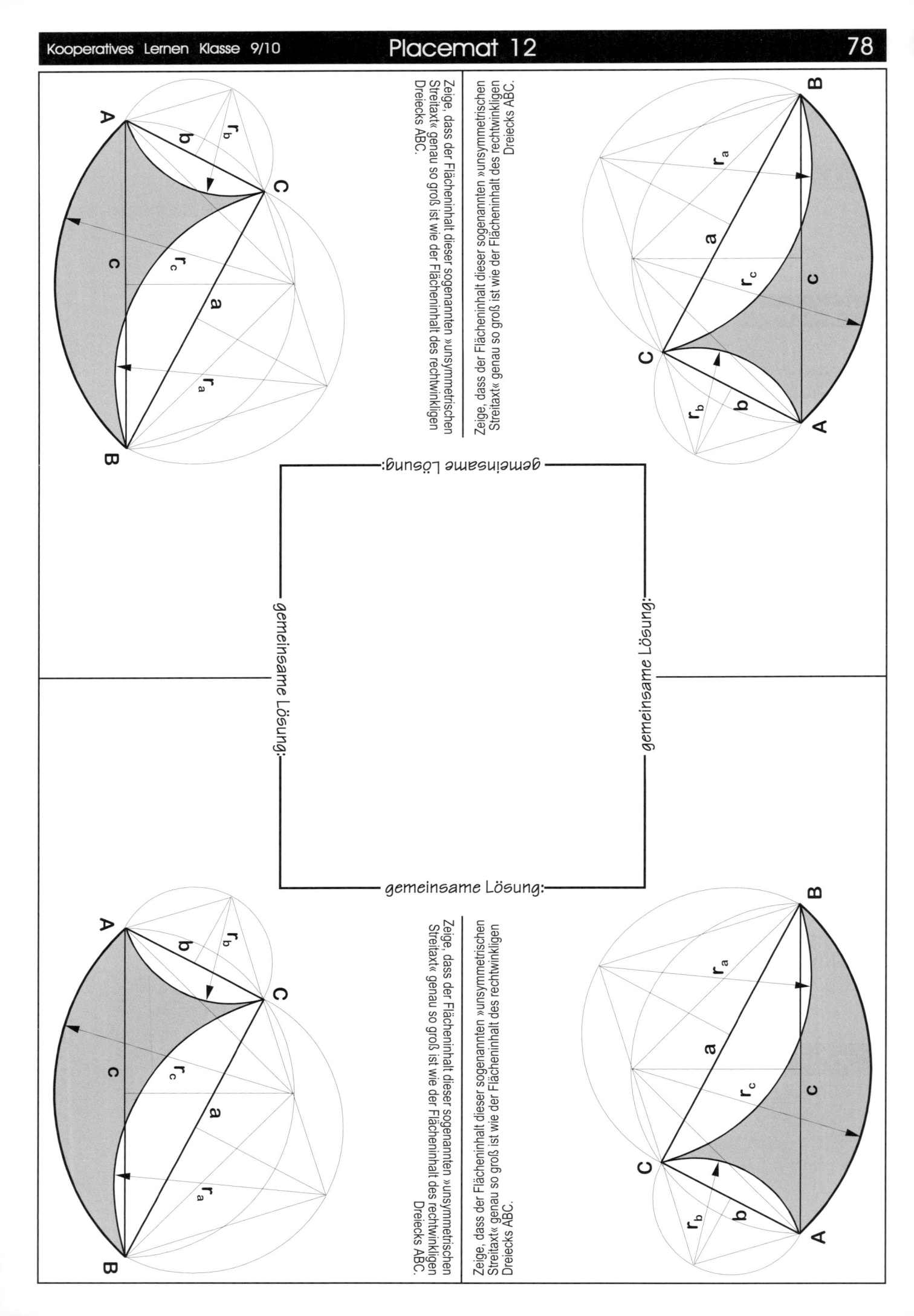

Placemat 12

Zeige, dass der Flächeninhalt dieser sogenannten »unsymmetrischen Streitaxt« genau so groß ist wie der Flächeninhalt des rechtwinkligen Dreiecks ABC.

Zeige, dass der Flächeninhalt dieser sogenannten »unsymmetrischen Streitaxt« genau so groß ist wie der Flächeninhalt des rechtwinkligen Dreiecks ABC.

Zeige, dass der Flächeninhalt dieser sogenannten »unsymmetrischen Streitaxt« genau so groß ist wie der Flächeninhalt des rechtwinkligen Dreiecks ABC.

Zeige, dass der Flächeninhalt dieser sogenannten »unsymmetrischen Streitaxt« genau so groß ist wie der Flächeninhalt des rechtwinkligen Dreiecks ABC.

gemeinsame Lösung:

gemeinsame Lösung:

gemeinsame Lösung:

gemeinsame Lösung:

Lösungshinweise Placemat 2 - 12

Placemat 2
Es befinden sich um die 5600 Fahrzeuge im Stau mit geschätzten 12000 Menschen.

Placemat 3
Rechnet man für eine Hauptmahlzeit mit 100 g Spaghetti, so sind das ungefähr 118 Spaghettistangen. Die Länge einer Spaghettistange beträgt 26 cm. Pro Mahlzeit werden ungefähr 31 m verzehrt. Das Ergebnis kann dann hochgerechnet werden. Es empfiehlt sich, eine Packung Spaghetti und eine Haushaltswaage bereitzuhalten.

Placemat 4
Die Linde ist 52 Ellen hoch.

Placemat 5
Die Braut ist 18 Jahre alt, der Bräutigam 90 Jahre.

Placemat 6

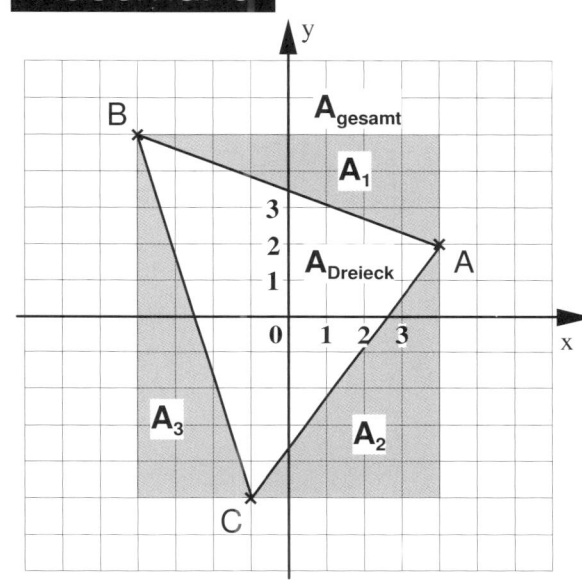

$A_{Dreieck} = A_{gesamt} - A_1 - A_2 - A_3$

$A_{Dreieck} = 80 - 12 - 17{,}5 - 15$

$A_{Dreieck} = 35{,}5$ (Flächeneinheiten)

Placemat 7
Die Fähre Schleswig-Holstein ist 67,84 m lang und 13,40 m breit. Es passen 53 Autos auf die Fähre und 975 Personen.

Placemat 8
Das Motorschiff »Gräfin Cosel« der Sächsischen Dampfschifffahrt hat eine Länge von 75,1 m und eine Breite von 10,60 m mit 526 Sitzplätzen.

Placemat 9
a) Die Erhöhung von 9,87 Cent auf 10,62 Cent beträgt nur 7,6 %.
b) Der Schreiber des Briefes hat die Prozentangaben addiert:
   8,6 % + 5,8 % + 12,1 % = 26,5 %
c) 100 € Erhöhung zum 1.1.03 um 7,6 %   107,60 €
   107,60 € Erhöhung zum 1.5.04 um 5,8 %   113,84 €
   113,84 € Erhöhung zum 1.1.05 um 12,1 %   127,61 €
   Die prozentuale Erhöhung beträgt 27,6 %.

Lösungshinweise Placemat 2 - 12

Placemat 10

Das Photo hat in etwa den Maßstab 1 : 100. Der Baum hat einen Durchmesser von 2,10 m.
Der Baum hat einen Umfang von 6,60 m und einen Querschnitt von 3,46 m².

Placemat 11

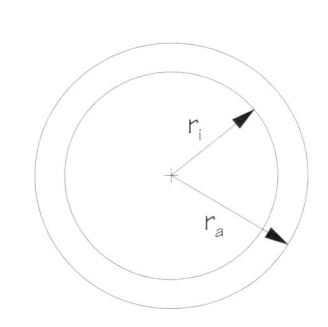

$$r_i = \frac{40000000}{2 \cdot \pi}$$
$$r_i = 6366197{,}724 \text{ (m)}$$
$$r_a = \frac{40000001}{2 \cdot \pi}$$
$$r_a = 6366197{,}883 \text{ (m)}$$
$$\text{Schlupf} = r_a - r_i$$
$$\text{Schlupf} = 0{,}15883 \text{ (m)}$$
$$\text{Schlupf} = 15{,}9 \text{ (cm)}$$

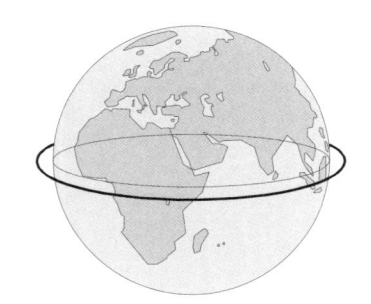

Ein Hamster kann da ohne Schwierigkeiten durchschlüpfen.

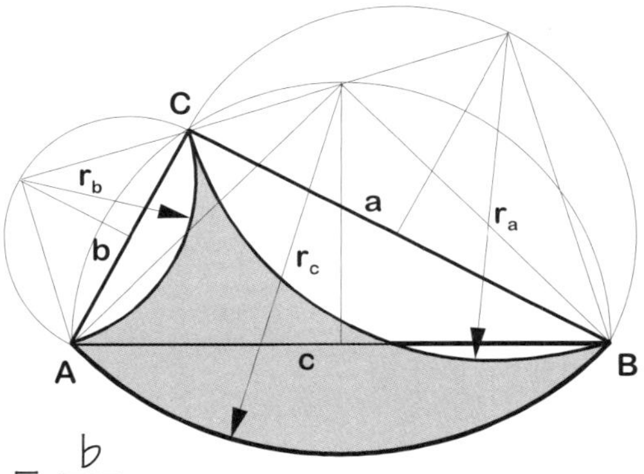

Placemat 12

Nach Satz des Pythagoras gilt:

$$b = \sqrt{r_b^2 + r_b^2} \text{ oder } b = \sqrt{2r_b^2} \text{ oder } b = r_b\sqrt{2}, \text{ also } r_b = \frac{b}{\sqrt{2}}$$

$$a = \sqrt{r_a^2 + r_a^2} \text{ oder } a = \sqrt{2r_a^2} \text{ oder } a = r_a\sqrt{2}, \text{ also } r_a = \frac{a}{\sqrt{2}}$$

$$c = \sqrt{r_c^2 + r_c^2} \text{ oder } c = \sqrt{2r_c^2} \text{ oder } c = r_c\sqrt{2}, \text{ also } r_c = \frac{c}{\sqrt{2}}$$

$A_{\text{Möndchen}} = A_{\triangle} + A_{\text{Halbkreis c}} - A_{\text{Halbkreis a}} - A_{\text{Halbkreis b}}$

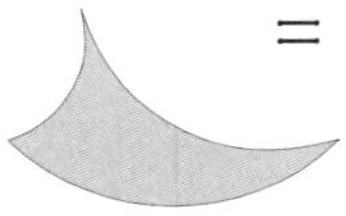

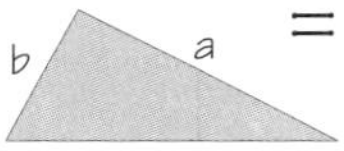

$$A_{\triangle} = \frac{a \cdot b}{2}$$

$$A_{\text{Halbkreis c}} = \frac{r_c^2 \cdot \pi - c^2}{4} = \frac{\frac{c^2}{2} \cdot \pi - c^2}{4} = \frac{c^2 \cdot \pi - 2c^2}{8}$$

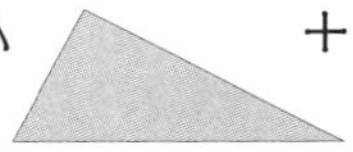

$$A_{\text{Halbkreis a}} = \frac{a^2 \cdot \pi - 2a^2}{8}$$

$$A_{\text{Halbkreis b}} = \frac{b^2 \cdot \pi - 2b^2}{8}$$

$$A_{\text{Möndchen}} = \frac{a \cdot b}{2} + \frac{c^2 \cdot \pi - 2c^2}{8} - \frac{a^2 \cdot \pi - 2a^2}{8} - \frac{b^2 \cdot \pi - 2b^2}{8}$$

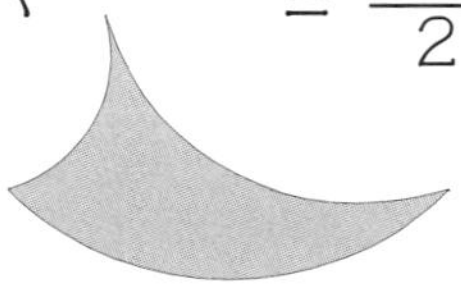

$$= \frac{a \cdot b}{2} + c^2 \cdot \frac{\pi - 2}{8} - a^2 \cdot \frac{\pi - 2}{8} - b^2 \cdot \frac{\pi - 2}{8}$$

$$= \frac{a \cdot b}{2} + \frac{\pi - 2}{8} \cdot (c^2 - a^2 - b^2)$$

weil $a^2 + b^2 = c^2$, ist $c^2 - a^2 - b^2 = 0$

$$= \frac{a \cdot b}{2} + \frac{\pi - 2}{8} \cdot 0$$

$$= \frac{a \cdot b}{2}$$

Jigsaw (Gruppenpuzzle)

Die Methode des Gruppenpuzzles wurde von einer Gruppe von israelischen und amerikanischen Sozialpädagogen entwickelt und hieß ursprünglich »die Laubsäge-Technik« (jigsaw). Es soll angeblich die einzige Unterrichtsmethode sein, die nachweislich das Selbstvertrauen der Lernenden stärkt. Bei dieser Methode unterteilt der Lehrer den zu vermittelnden Stoff z. B. in vier Teilgebiete A, B, C und D und entwickelt Selbststudienmaterial, das so klar formuliert ist, dass Schüler es selbst erarbeiten können.

Die Klasse wird in Gruppen aufgeteilt, wobei jedes Gruppenmitglied eines der vier Teilgebiete zur individuellen Bearbeitung erhält. Anschließend treffen sich die Schüler mit demselben Themenbereich in der sogenannten Expertenrunde, wo das bisher Gelernte erneut besprochen und vertieft wird sowie offene Fragen beantwortet werden.

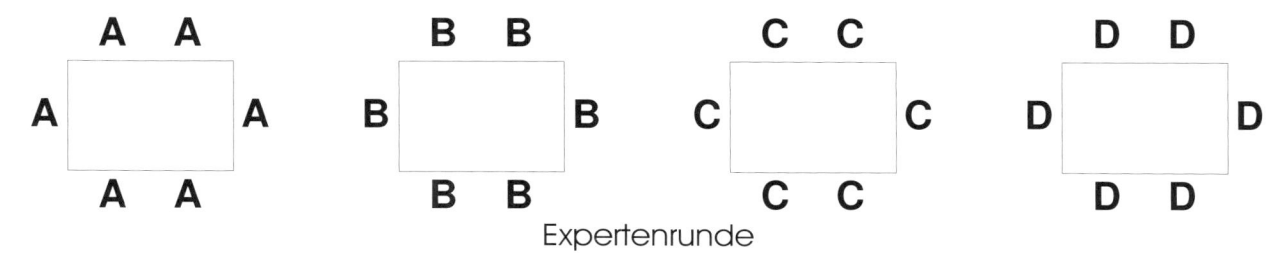

Expertenrunde

Danach muss die Expertenrunde planen, wie sie das erworbene Wissen ihren Mitschülern, die nicht Experten auf diesem Teilgebiet sind, wirkungsvoll vermitteln kann.
Im Anschluss daran werden neue Gruppen gebildet.

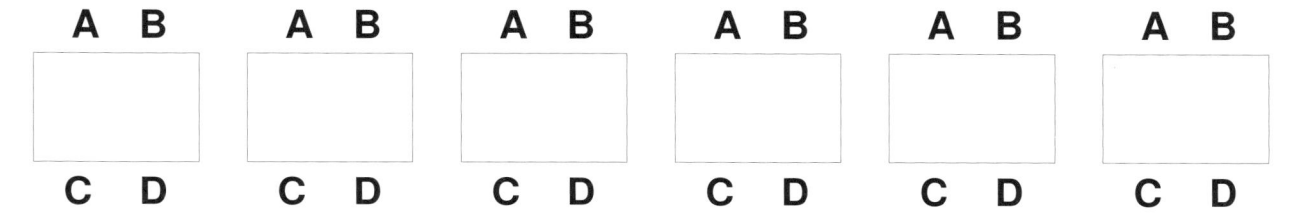

Reihum vermittelt nun jeder Teilnehmer sein Stoffgebiet, auf dem er Experte ist. Die anderen Gruppenmitglieder sind die Schüler.

Ziel soll es sein, dass jeder über jeden Teilbereich optimal informiert ist und diesen Bereich erläutern bzw. einen Test erfolreich absolvieren kann.

Exemplarisch wurde hier das Stoffgebiet »Lineare Gleichungen mit zwei Variablen« in vier Teilbiete »zerlegt«:

1. Das zeichnerische Lösungsverfahren
2. Das Gleichsetzungsverfahren
3. Das Einsetzungsverfahren
4. Das Additionsverfahren.

Weitere Möglichkeiten für den Einsatz des Gruppenpuzzles bieten u. a.
- die Prozentrechnung
- die Bruchrechnung
- die Potenzrechnung
- die Trigonometrie.

LINEARE GLEICHUNGEN MIT ZWEI VARIABLEN
»DAS ZEICHNERISCHE LÖSUNGSVERFAHREN«

Eine Möglichkeit, um ein **lineares Gleichungssystem** aus zwei linearen Gleichungen mit zwei Variablen zu lösen, besteht darin, die beiden Geraden zu zeichnen.
Wenn sich die beiden Geraden schneiden, dann erfüllen der x-Wert und der y-Wert des Schnittpunkts sowohl die erste als auch die zweite Gleichung.

$$\text{I} \quad x + y = 7$$
$$\text{II} \quad 4x + 3y = 26$$

Lösungsschritte:

Bringe die Gleichungen auf die Form $y = mx + b$.

$$x + y = 7$$
$$y = -x + 7$$

$$4x + 3y = 26$$
$$3y = -4x + 26$$
$$y = -1\tfrac{1}{3}x + 8\tfrac{2}{3}$$

Zeichne für jede der beiden Gleichungen die zugehörige Gerade in ein Koordinatensystem.

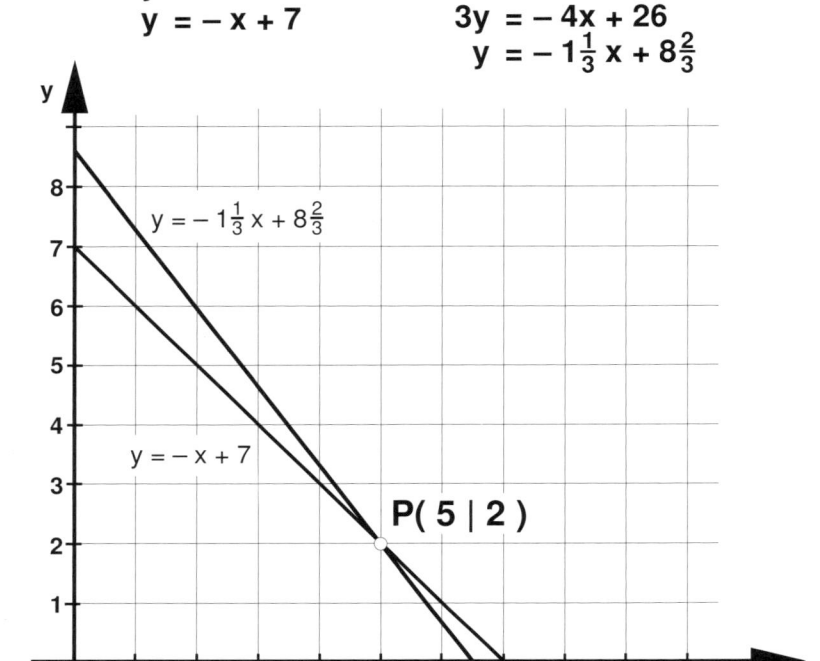

Die beiden Geraden schneiden sich im Punkt P.
Lies die Koordinaten des Schnittpunktes P der beiden Geraden ab: P(5 | 2).

Das Zahlenpaar (5 | 2) ist die Lösung des Gleichungssystems.

Notiere die Lösungsmenge:
$L = \{(5 \mid 2)\}$

Mache die Probe, indem du die Lösung in die beiden Ausgangsgleichungen einsetzt.

Probe:
$$5 + 2 = 7$$
$$7 = 7$$
$$4 \cdot 5 + 3 \cdot 2 = 26$$
$$26 = 26$$

Bei linearen Gleichungssystemen mit zwei Variablen gibt es für die Anzahl der Lösungen drei verschiedene Möglichkeiten.

1. Fall:
Die beiden Geraden haben verschiedene Steigungen und schneiden sich deshalb in einem Punkt.
Damit hat das Gleichungssystem *genau eine* Lösung.

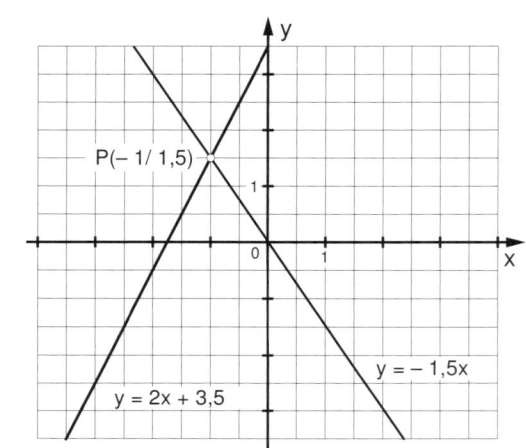

P(−1 / 1,5)

$y = 2x + 3,5$

$y = -1,5x$

LINEARE GLEICHUNGEN MIT ZWEI VARIABLEN
»DAS ZEICHNERISCHE LÖSUNGSVERFAHREN«

2. Fall:
Die beiden Geraden haben die gleiche Steigung, schneiden jedoch die y-Achse an verschiedenen Stellen. Die beiden Geraden sind parallel.
Damit hat das Gleichungssystem *keine* Lösung.

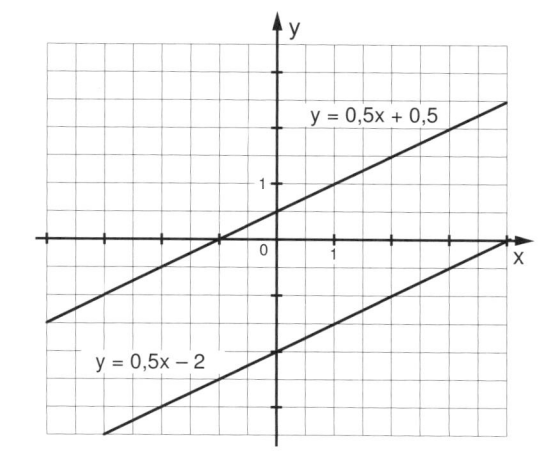

$y = 0,5x + 0,5$
$y = 0,5x - 2$

3. Fall:
Die beiden Geraden haben die gleiche Steigung und schneiden die y-Achse an exakt der gleichen Stelle. Man kann eine der Gleichungen so umformen, dass sich die andere Gleichung ergibt.
Damit hat das Gleichungssystem *unendlich viele* Lösungen, weil jeder Punkt auf der Geraden eine Lösung des Gleichungssystems darstellt.

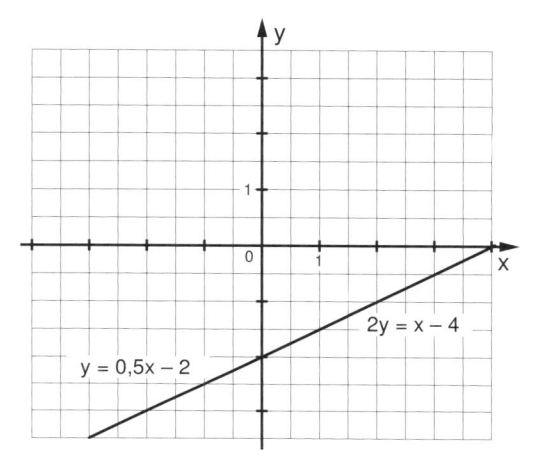

$y = 0,5x - 2$
$2y = x - 4$

Wenn du alles verstanden hast, stellen dich die folgenden 5 Aufgaben vor keine allzu großen Probleme. Viel Spaß beim Lösen.

Aufgabe 1: Löse zeichnerisch das lineare Gleichungssystem

I $\quad x + y = 3$
II $\quad 3x - 2y = -1$

Aufgabe 2: Löse zeichnerisch das lineare Gleichungssystem

I $\quad 6x + 4y = 0$
II $\quad 2x - 4y = 8$

Aufgabe 3: Löse zeichnerisch das lineare Gleichungssystem

I $\quad 3x + y = 2$
II $\quad 6x + 2y = 1$

Aufgabe 4: Löse zeichnerisch das lineare Gleichungssystem

I $\quad 4x - 5y = 15$
II $\quad -1,6x + 2y = -6$

Aufgabe 5: Löse zeichnerisch das lineare Gleichungssystem

I $\quad 4y + 2x = 8$
II $\quad 6y + 7x = 36$

LINEARE GLEICHUNGEN MIT ZWEI VARIABLEN
»DAS GLEICHSETZUNGSVERFAHREN«

Wie kann man lineare Gleichungssysteme rechnerisch lösen? Zunächst aber einmal eine kleine Aufgabe für dich:

Arni — Barni — Arni — Conni

Arni ist genau so stark wie Barni Arni ist aber auch genau so stark wie Conni

Was schließt du aus diesen beiden Aussagen? Klaro, Barni und Conni müssen gleich stark sein. So ähnlich geht das auch mit dem Gleichsetzungsverfahren. Wenn du weißt, dass

$$\text{I} \quad x = 8 + y$$
$$\text{II} \quad x = 2 - y,$$

so schließt du messerscharf $8 + y = 2 - y$.

(x = Arni, $8 + y$ = Barni, $2 - y$ = Conni)

Und siehe da, auf diese Art und Weise ist die Variable x »eliminiert« worden und du hast eine Gleichung Ia erhalten, in der nur noch die Variable y auftaucht. Diese Art von Gleichung kannst du ganz einfach lösen:

$$\text{Ia} \quad 8 + y = 2 - y$$
$$\text{IIa} \quad x = 2 - y$$

Nebenrechnung:
Du rechnest zunächst mit der Gleichung Ia alleine weiter:

$8 + y = 2 - y$ Subtrahiere 2
$6 + y = -y$ Subtrahiere y
$6 = -2y$ Dividiere durch -2
$-3 = y$

Nun wird -3 für y in Gleichung IIa eingesetzt:

$x = 2 - y$ ($y = -3$)
$x = 2 - (-3)$
$x = 5$

Notiere die Lösungsmenge: $L = \{(5 \mid -3)\}$

Mache die Probe, indem du die Werte in die beiden Gleichungen einsetzt:

$5 = 8 + (-3)$
$5 = 5$
$5 = 2 - (-3)$
$5 = 5$

Leider sind die beiden Gleichungen aber nicht immer so, dass du zwei Terme gleichsetzen kannst. Du musst versuchen, die Gleichungen so umzuformen, dass links oder rechts vom Gleichheitszeichen das Gleiche in Verbindung mit einer Variablen steht:

I $2x + y = 8$ formst du um zu $y = -2x + 8$
II $6x + 2y = 2$ formst du um zu $y = -3x + 1$

Und schon klappt's mit dem Gleichsetzungsverfahren: $-2x + 8 = -3x + 1$.
Dann versuche dich mal an diesen 5 Aufgaben.

Aufgabe 1:	Aufgabe 2:	Aufgabe 3:	Aufgabe 4:	Aufgabe 5:
I $\;5y = 2x + 4{,}25$	I $\;4x = 5y + 2$	I $\;7y = 14x - 77$	I $\;6y = 9x - 3$	I $\;6x = 3y - 21$
II $\;5y = -3x - 1$	II $\;4x = 3y - 14$	II $\;7y = 21x - 98$	II $\;6y = 18x - 48$	II $\;6x = 12y - 36$

LINEARE GLEICHUNGEN MIT ZWEI VARIABLEN
»DAS EINSETZUNGSVERFAHREN«

Ein Verfahren zur Lösung von linearen Gleichungssystemen ist das Einsetzungsverfahren. Wie der Name schon sagt, sollst du bei diesem Verfahren etwas einsetzen.
Damit du dir darunter etwas vorstellen kannst, hier ein Beispiel:

Karlchen Boilnix möchte Grünkohl kochen. In seinem schlauen Kochbuch findet er dieses Rezept:

- 500 g Kasseler
- 1 kg Grünkohl (Winterkohl)
- 2 Esslöffel Butterschmalz
- 1 Zwiebel
- Salz, Pfeffer
- 2 Esslöffel Mehl

Den Kohl putzen, waschen und fein schneiden. In einem Topf das Schmalz zergehen lassen, das Fleisch und die grob geschnittene Zwiebel darin anbraten. Das Gemüse, etwas Wasser und die Gewürze zugeben und in etwa einer Stunde gar kochen. Das Mehl darüberstäuben und, wenn nötig, noch etwas Wasser zugießen.
Anstelle des Kasselers kann man auch **vier Mettwürstchen** mit dem Gemüse gar kochen.

Weil Karlchen Boilnix gerade kein Kasseler zur Verfügung hat, ersetzt er es kurzerhand durch vier Mettwürstchen. So ähnlich funktioniert auch das Einsetzungsverfahren.

$$\text{I} \quad 8x + y = -18$$
$$\text{II} \quad y = 9x - 1$$

> y = 500 g Kasseler
> $9x - 1$ = vier Mettwürstchen
> $8x + y = -18$ entspricht Karlchens Rezept
> $y = 9x - 1$ nimm statt 500 g Kasseler vier Mettwürstchen

Also ersetzt du in dem Rezept ($8x + y = -18$) das Kasseler (y) durch die vier Mettwürstchen ($9x - 1$):

$$\text{Ia} \quad 8x + 9x - 1 = -18$$
$$\text{IIa} \quad y = 9x - 1$$

Und siehe da, auf diese Art und Weise ist in Gleichung Ia die Variable y »eliminiert« worden und du hast eine Gleichung erhalten, in der nur noch die Variable x auftaucht. Diese Art von Gleichung kannst du ganz einfach lösen. Du rechnest in einer Nebenrechnung zunächst mit dieser Gleichung allein weiter:

$$8x + 9x - 1 = -18 \quad \text{Fasse zusammen}$$
$$17x - 1 = -18 \quad \text{Addiere 1}$$
$$17x = -17 \quad \text{Dividiere durch 17}$$
$$x = -1$$

Da du die Lösung für x errechnet hast, fällt es dir nicht schwer, die Lösung für y anzugeben. -1 wird für x in Gleichung IIa eingesetzt.

$$y = 9x - 1 \quad (x = -1)$$
$$y = 9 \cdot (-1) - 1$$
$$y = -10$$

Notiere die Lösungsmenge: $\quad L = \{(-1 \mid -10)\}$

Mache die Probe, indem du die Werte in die beiden Gleichungen einsetzt:

$$8 \cdot (-1) + (-10) = -18$$
$$-18 = -18$$
$$-10 = 9 \cdot (-1) - 1$$
$$-10 = -10$$

Manchmal gestaltet sich das Einsetzen etwas schwieriger:

$$\text{I} \quad 13x - 5 = -6y \quad \text{ergibt} \quad 13x - 5 = -6 \cdot (-13 - 16x), \text{also}$$
$$\text{II} \quad y = -13 - 16x \quad\quad\quad\quad 13x - 5 = 78 + 96x$$

Schau mal, ob du die 5 Aufgaben schaffst.

Aufgabe 1:	Aufgabe 2:	Aufgabe 3:	Aufgabe 4:	Aufgabe 5:
I $12x + 15y = 9$	I $8x + 9y = 71$	I $8 - 2x = 2y$	I $8x - 2y = -12{,}4$	I $3x - 37 = -4y$
II $x = 6y + 8$	II $y = 5x + 2$	II $x + 12 = y$	II $2y = 5x + 1$	II $3x - 4y = 5$

LINEARE GLEICHUNGEN MIT ZWEI VARIABLEN
»DAS ADDITIONSVERFAHREN«

Ein ganz einfaches Verfahren zur Lösung linearer Gleichungssysteme mit zwei Variablen ist das Additionsverfahren. Die beiden Gleichungen werden lediglich addiert, wobei eine der Variablen wegfällt. Sie wird »eliminiert«.

Die Gleichungen müssen in die **Normalform ax + by = c** gebracht werden.

Die beiden Gleichungen in Normalform werden so multipliziert, dass die Koeffizienten (Beizahlen) von x oder y den gleichen Betrag, aber entgegengesetzte Vorzeichen aufweisen.

Folgende Beispiele sind »ideal« für das Additionsverfahren:

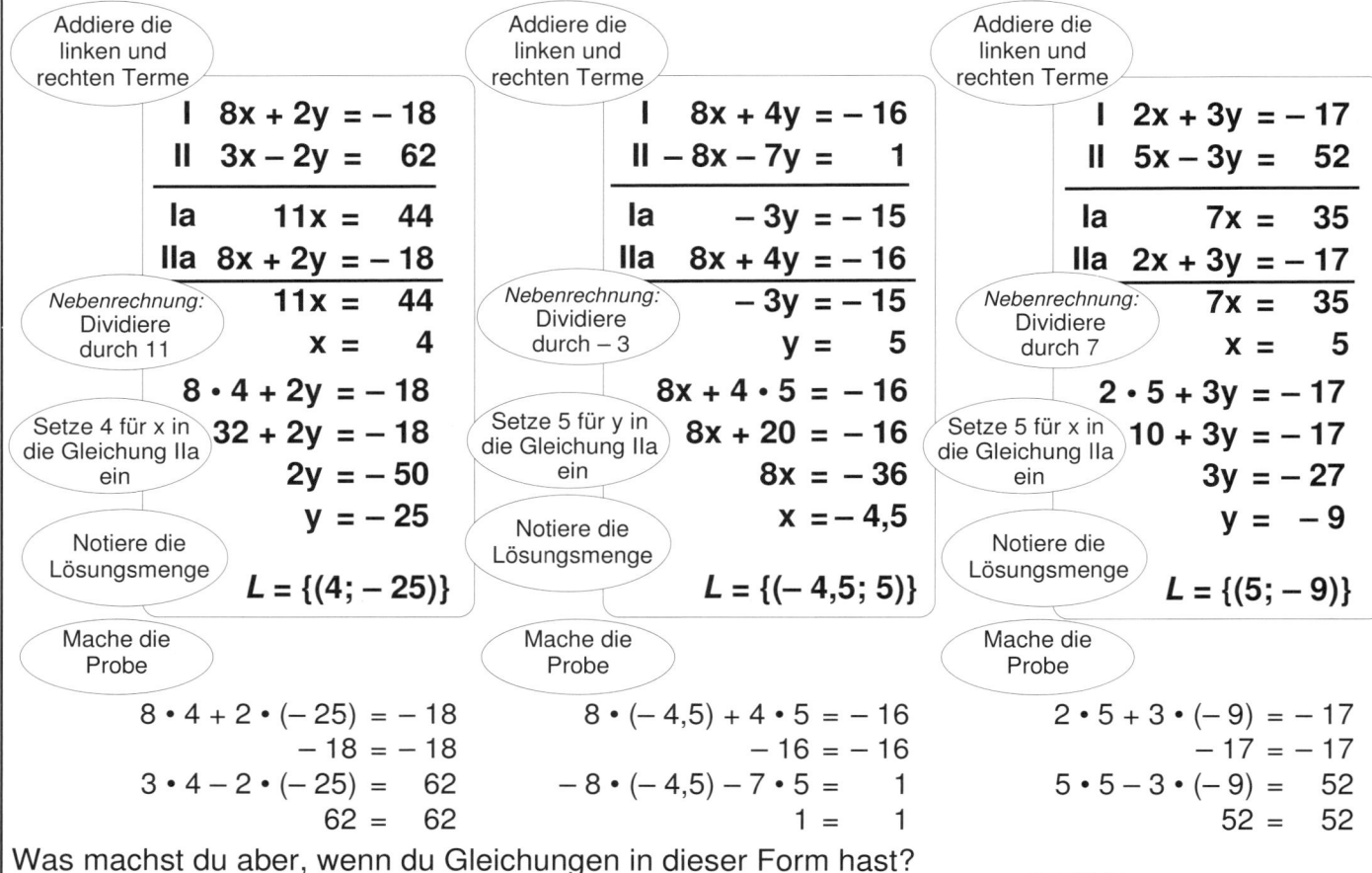

Addiere die linken und rechten Terme

I	$8x + 2y$	$= -18$
II	$3x - 2y$	$= 62$
Ia	$11x$	$= 44$
IIa	$8x + 2y$	$= -18$

Nebenrechnung: Dividiere durch 11

$11x = 44$
$x = 4$

Setze 4 für x in die Gleichung IIa ein

$8 \cdot 4 + 2y = -18$
$32 + 2y = -18$
$2y = -50$
$y = -25$

Notiere die Lösungsmenge

$L = \{(4; -25)\}$

Mache die Probe

$8 \cdot 4 + 2 \cdot (-25) = -18$
$-18 = -18$
$3 \cdot 4 - 2 \cdot (-25) = 62$
$62 = 62$

Addiere die linken und rechten Terme

I	$8x + 4y$	$= -16$
II	$-8x - 7y$	$= 1$
Ia	$-3y$	$= -15$
IIa	$8x + 4y$	$= -16$

Nebenrechnung: Dividiere durch -3

$-3y = -15$
$y = 5$

Setze 5 für y in die Gleichung IIa ein

$8x + 4 \cdot 5 = -16$
$8x + 20 = -16$
$8x = -36$
$x = -4{,}5$

Notiere die Lösungsmenge

$L = \{(-4{,}5;\ 5)\}$

Mache die Probe

$8 \cdot (-4{,}5) + 4 \cdot 5 = -16$
$-16 = -16$
$-8 \cdot (-4{,}5) - 7 \cdot 5 = 1$
$1 = 1$

Addiere die linken und rechten Terme

I	$2x + 3y$	$= -17$
II	$5x - 3y$	$= 52$
Ia	$7x$	$= 35$
IIa	$2x + 3y$	$= -17$

Nebenrechnung: Dividiere durch 7

$7x = 35$
$x = 5$

Setze 5 für x in die Gleichung IIa ein

$2 \cdot 5 + 3y = -17$
$10 + 3y = -17$
$3y = -27$
$y = -9$

Notiere die Lösungsmenge

$L = \{(5; -9)\}$

Mache die Probe

$2 \cdot 5 + 3 \cdot (-9) = -17$
$-17 = -17$
$5 \cdot 5 - 3 \cdot (-9) = 52$
$52 = 52$

Was machst du aber, wenn du Gleichungen in dieser Form hast?

I	$4x + 17y$	$= 26$
II	$3x$	$= -5y + 4$

Bringe Gleichung II auf Normalform

Ia	$4x + 17y$	$= 26$
IIa	$3x + 5y$	$= 4$

Multipliziere die beiden Gleichungsterme von Ia mit 3, die von IIa mit -4

Ib	$12x + 51y$	$= 78$
IIb	$-12x - 20y$	$= -16$

und schon steht der Lösung nach dem Additionsverfahren nichts mehr im Wege:

Ic	$31y$	$= 62$
IIc	$12x + 51y$	$= 78$

Nebenrechnung: $31y = 62$
$y = 2 \qquad x = -2 \qquad L = \{(-2 \mid 2)\}$

Na, dann viel Spaß bei den 5 Aufgaben zum Additionsverfahren.

Aufgabe 1:
I $6x - y = 18$
II $6x + y = 42$

Aufgabe 2:
I $5x + 6y = 47$
II $9x - 12y = 39$

Aufgabe 3:
I $11x + 5y = 59$
II $13x + 15y = 97$

Aufgabe 4:
I $7x - 11y = 61$
II $8x - 15y = 94$

Aufgabe 5:
I $7x + 3y = 22$
II $5x + 8y = 4$

Lösungen Gruppenpuzzle

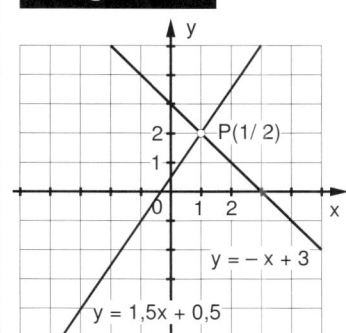

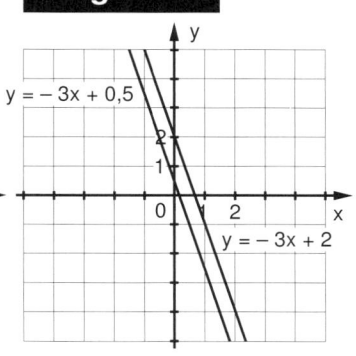

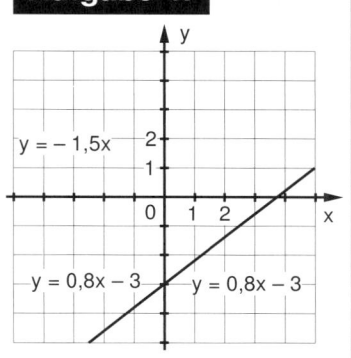

»Das zeichnerische Lösungsverfahren«

Aufgabe 1: P(1/2); $y = -x + 3$; $y = 1{,}5x + 0{,}5$

Aufgabe 2: P(1/−1,5); $y = -1{,}5x$; $y = 0{,}5x - 2$

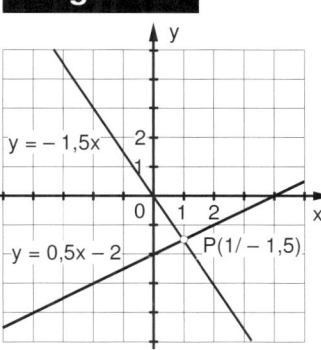

Aufgabe 3: $y = -3x + 0{,}5$; $y = -3x + 2$ (parallel, keine Lösung)

Aufgabe 4: $y = -1{,}5x$; $y = 0{,}8x - 3$

Aufgabe 5: P(6/−1); $y = -\frac{7}{6}x + 6$; $y = -0{,}5x + 2$

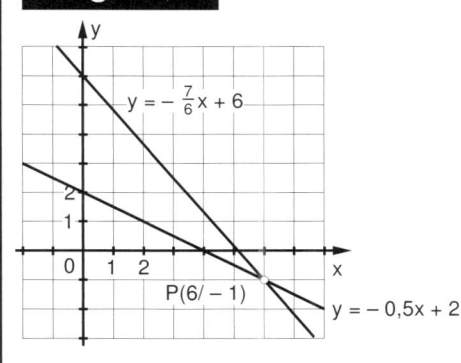

»Das Gleichsetzungsverfahren«

Aufgabe 1:
I $5y = 2x + 4{,}25$
II $5y = -3x - 1$
$x = -1{,}05$
$y = 0{,}43$
$L = \{(-1{,}05 \mid 0{,}43)\}$

Aufgabe 2:
I $4x = 5y + 2$
II $4x = 3y - 14$
$x = -9{,}5$
$y = -8$
$L = \{(-9{,}5 \mid -8)\}$

Aufgabe 3:
I $7y = 14x - 77$
II $7y = 21x - 98$
$x = 3$
$y = -5$
$L = \{(3 \mid -5)\}$

Aufgabe 4:
I $6y = 9x - 3$
II $6y = 18x - 48$
$x = 5$
$y = 7$
$L = \{(5 \mid 7)\}$

Aufgabe 5:
I $6x = 3y - 21$
II $6x = 12y - 36$
$x = -2\frac{2}{3}$
$y = 1\frac{2}{3}$
$L = \{(-2\frac{2}{3} \mid 1\frac{2}{3})\}$

»Das Einsetzungsverfahren«

Aufgabe 1:
I $12x + 15y = 9$
II $x = 6y + 8$
$x = 2$
$y = -1$
$L = \{(2 \mid -1)\}$

Aufgabe 2:
I $8x + 9y = 71$
II $y = 5x + 2$
$x = 1$
$y = 7$
$L = \{(1 \mid 7)\}$

Aufgabe 3:
I $8 - 2x = 2y$
II $x + 12 = y$
$x = -4$
$y = 8$
$L = \{(-4 \mid 8)\}$

Aufgabe 4:
I $8x - 2y = -12{,}4$
II $2y = 5x + 1$
$x = -3{,}8$
$y = -9$
$L = \{(-3{,}8 \mid -9)\}$

Aufgabe 5:
I $3x - 37 = -4y$
II $3x - 4y = 5$
$x = 7$
$y = 4$
$L = \{(7 \mid 4)\}$

»Das Additionsverfahren«

Aufgabe 1:
I $6x - y = 18$
II $6x + y = 42$
$x = 5$
$y = 12$
$L = \{(5 \mid 12)\}$

Aufgabe 2:
I $5x + 6y = 47$
II $9x - 12y = 39$
$x = 7$
$y = 2$
$L = \{(7 \mid 2)\}$

Aufgabe 3:
I $11x + 5y = 59$
II $13x + 15y = 97$
$x = 4$
$y = 3$
$L = \{(4 \mid 3)\}$

Aufgabe 4:
I $7x - 11y = 61$
II $8x - 15y = 94$
$x = -7$
$y = -10$
$L = \{(-7 \mid -10)\}$

Aufgabe 5:
I $7x + 3y = 22$
II $5x + 8y = 4$
$x = 4$
$y = -2$
$L = \{(4 \mid -2)\}$

Aufgaben Gruppenpuzzle

Aufgabe 1: Bringe die beiden Gleichungen auf die Form y = mx + n und löse das Gleichungssystem zeichnerisch.

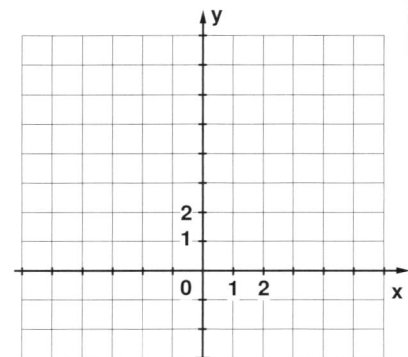

a)
2y − x = 4
2y + 3x = 12

b)
3x − y = −1
x + y = −3

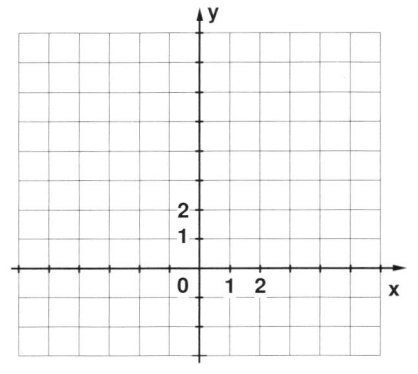

Aufgabe 2: Löse das Gleichungssystem mit dem Gleichsetzungsverfahren.

a) I   y = 2x + 2
    II y = 3x − 2

b) I   4b = 3a − 4
    II 4b = 5a − 20

c) I   y − 4 = 4x
    II y + 3x = 11

Aufgabe 3: Löse das Gleichungssystem mit dem Einsetzungsverfahren.

a) I   2x + 5y = 9
    II y = 3x + 12

b) I   7y − 3x = 9
    II 3x = −6y + 30

Aufgabe 4: Löse das Gleichungssystem mit dem Additionsverfahren.

a) I   −7x + 4y = 1
    II 2x − 4y = 14

b) I   4x + y = 8
    II −3x + y = −6 | · (−1)

c) I   7x + 2y = 48 | · 3
    II 6x + 3y = 27 | · (−2)

Lösungen: Aufgaben Gruppenpuzzle

Aufgabe 1: Bringe die beiden Gleichungen auf die Form y = mx + n und löse das Gleichungssystem zeichnerisch.

a)
$2y - x = 4$
$2y + 3x = 12$
$2y = x + 4$
$2y = -3x + 12$
I $y = 0,5x + 2$
II $y = -1,5x + 6$
$L = \{(2 \mid 3)\}$

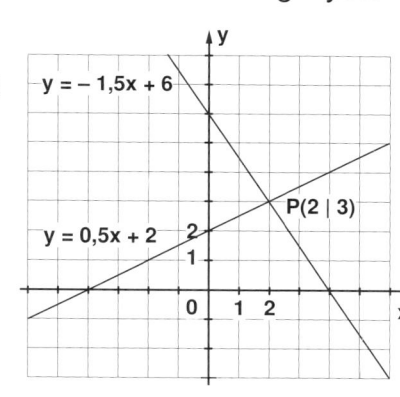

b)
$3x - y = -1$
$x + y = -3$
I $y = 3x + 1$
II $y = -x - 3$
$L = \{(-1 \mid -3)\}$

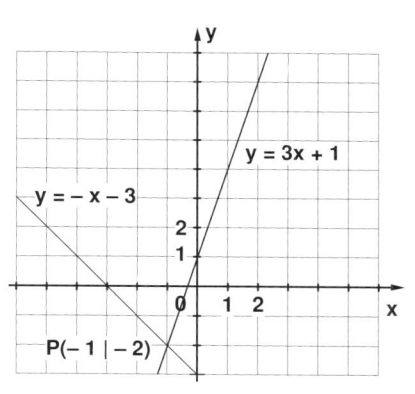

Aufgabe 2: Löse das Gleichungssystem mit dem Gleichsetzungsverfahren.

a)
I $y = 2x + 2$
II $y = 3x - 2$
Ia $2x + 2 = 3x - 2$
IIa $y = 2x + 2$
$2 = x - 2$
$4 = x$
$x = 4$
$y = 3 \cdot 4 - 2$
$y = 10$
$L = \{(4 \mid 10)\}$

b)
I $4b = 3a - 4$
II $4b = 5a - 20$
Ia $3a - 4 = 5a - 20$
IIa $4b = 5a - 20$
$-4 = 2a - 20$
$16 = 2a$
$a = 8$
$4b = 5 \cdot 8 - 20$
$b = 5$
$L = \{(8 \mid 5)\}$

c)
I $y - 4 = 4x$
II $y + 3x = 11$
Ia $4x + 4 = -3x + 11$
IIa $y = -3x + 11$
$7x + 4 = 11$
$7x = 7$
$x = 1$
$y = (-3) \cdot 1 + 11$
$y = 8$
$L = \{(1 \mid 8)\}$

Aufgabe 3: Löse das Gleichungssystem mit dem Einsetzungsverfahren.

a)
I $2x + 5y = 9$
II $y = 3x + 12$
Ia $2x + 5(3x + 12) = 9$
IIa $y = 3x + 12$
$17x + 60 = 9$
$17x = -51$
$x = -3$
$y = 3 \cdot (-3) + 12$
$y = 3$
$L = \{(-3 \mid 3)\}$

b)
I $7y - 3x = 9$
II $3x = -6y + 30$
Ia $7y - (-6y + 30) = 9$
IIa $3x = -6y + 30$
$13y - 30 = 9$
$13y = 39$
$y = 3$
$3x = (-6) \cdot 3 + 30$
$x = 4$
$L = \{(4 \mid 3)\}$

Aufgabe 4: Löse das Gleichungssystem mit dem Additionsverfahren.

a)
I $-7x + 4y = 1$
II $2x - 4y = 14$
Ia $-5x = 15$
IIa $2x - 4y = 14$
$-5x = 15$
$x = -3$
$2 \cdot (-3) - 4y = 14$
$-4y = 20$
$y = -5$
$L = \{(-3 \mid -5)\}$

b)
I $4x + y = 8$
II $-3x + y = -6 \mid \cdot (-1)$
Ia $4x + y = 8$
IIa $3x - y = 6$
Ib $7x = 14$
IIb $-3x + y = -6$
$7x = 14$
$x = 2$
$(-3) \cdot 2 - y = -6$
$-6 - y = -6$
$y = 0$
$L = \{(2 \mid 0)\}$

c)
I $7x + 2y = 48 \mid \cdot 3$
II $6x + 3y = 27 \mid \cdot (-2)$
Ia $21x + 6y = 144$
IIa $-12x - 6y = -54$
Ib $9x = 90$
IIb $6x + 3y = 27$
$9x = 90$
$x = 10$
$6 \cdot 10 + 3y = 27$
$3y = -33$
$y = -11$
$L = \{(10 \mid -11)\}$

Find your partner

Bei der »Find your partner«-Methode handelt es sich um eine Übung, die bei Norm und Kathy Green als »Post its« beschrieben wird. Jeder Teilnehmer bekommt z. B. den Namen einer Person auf den Rücken geklebt und muss nun durch Fragen herausfinden, wer er ist und zu welcher anderen Person er passt (z. B. John Lennon und Yoko Ono, Prince Charles und Camilla Parker Bowles).

Bei den hier vorgestellten Beispielen bekommt ebenfalls jeder Teilnehmer einen Zettel auf den Rücken geklebt. Non-verbal muss ihm übermittelt werden, was sich auf seinem Zettel befindet. Daraufhin muss er seinen Partner finden.

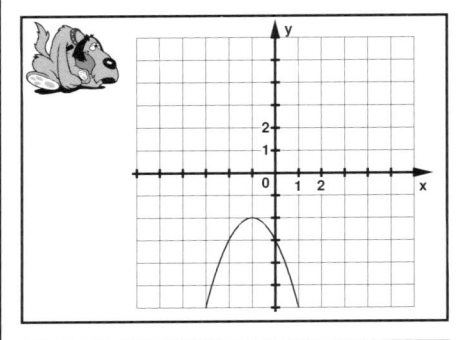

Durch Zeichen muss einem Teilnehmer mit dieser Abbildung auf dem Rücken vermittelt werden, dass es sich um eine nach unten geöffnete Normalparabel handelt, die um eine Einheit nach links und um zwei Einheiten nach unten verschoben wurde. Ist dieser Sachverhalt korrekt übermittelt worden, muss der Teilnehmer seinen Partner mit der entsprechenden Funktionsgleichung suchen.

$$y = -(x + 1)^2 - 2$$

Weitere Themenbereiche, die sich mit dieser Übung bearbeiten lassen, sind z. B.

Lineare Funktionen

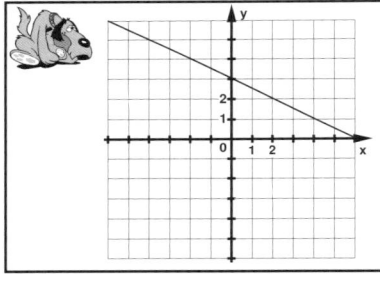

$$y = -0{,}5x + 3$$

Prozentrechnung

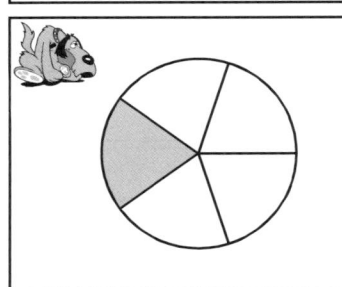

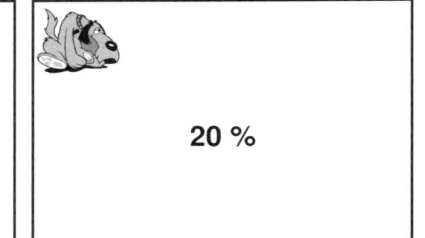

20 %

Römische Zahlzeichen

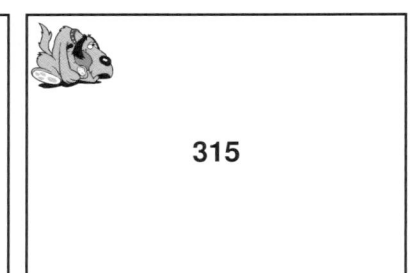

CXV

315

Find your partner I

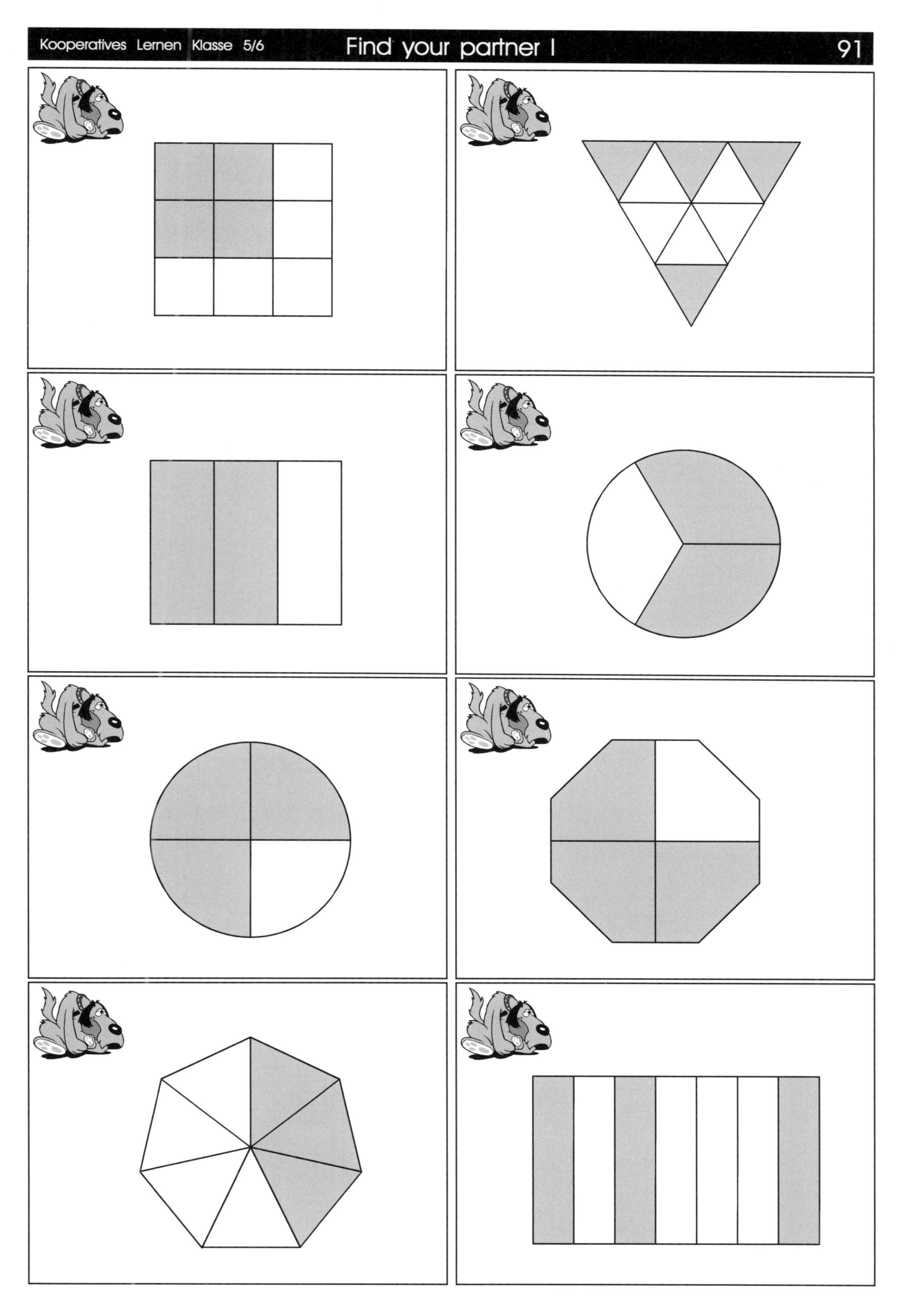

Kooperatives Lernen Klasse 5/6 — Find your partner I — 92

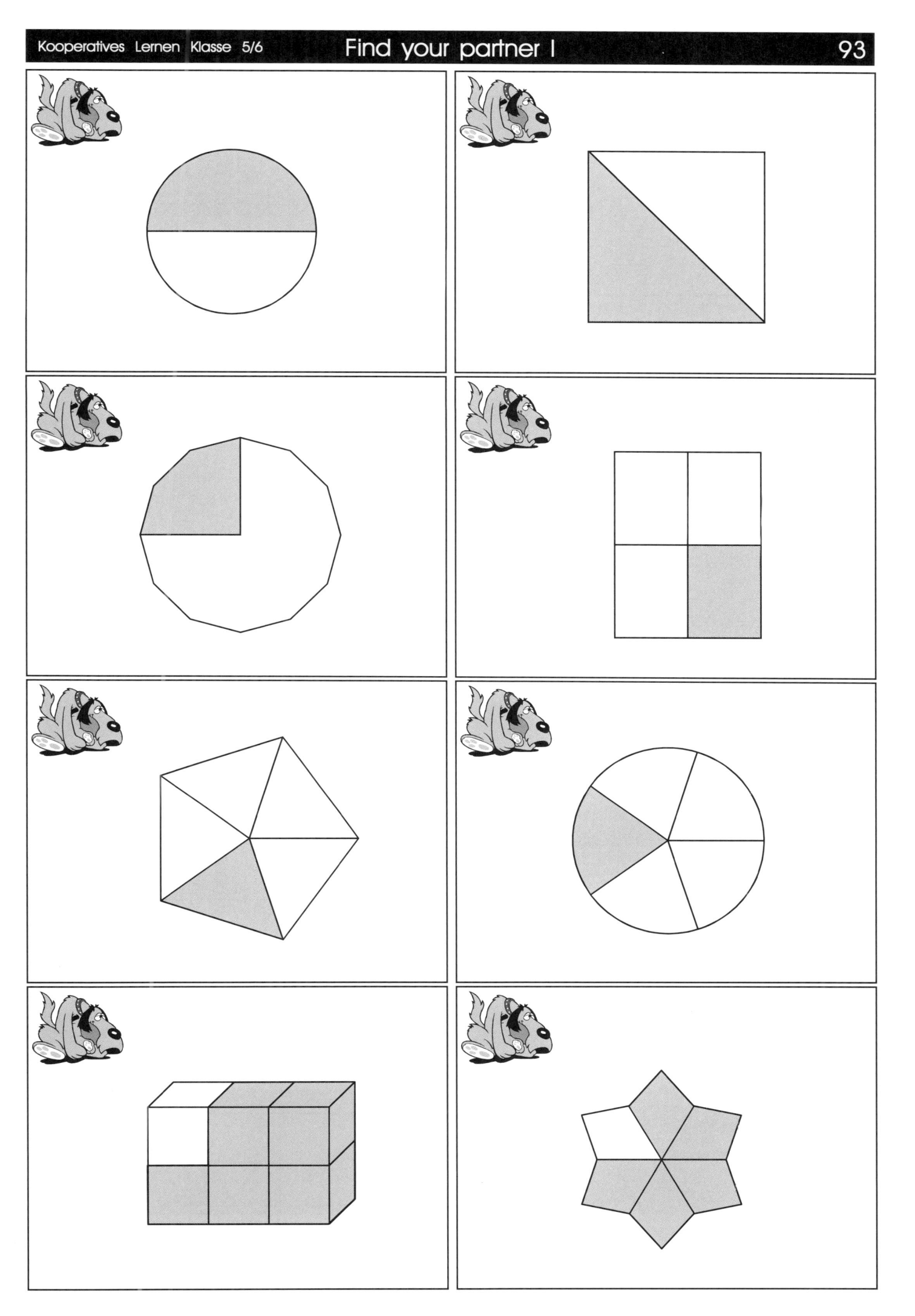

Kooperatives Lernen Klasse 5/6 — Find your partner I — 93

Kooperatives Lernen Klasse 5/6 — Find your partner I — 94

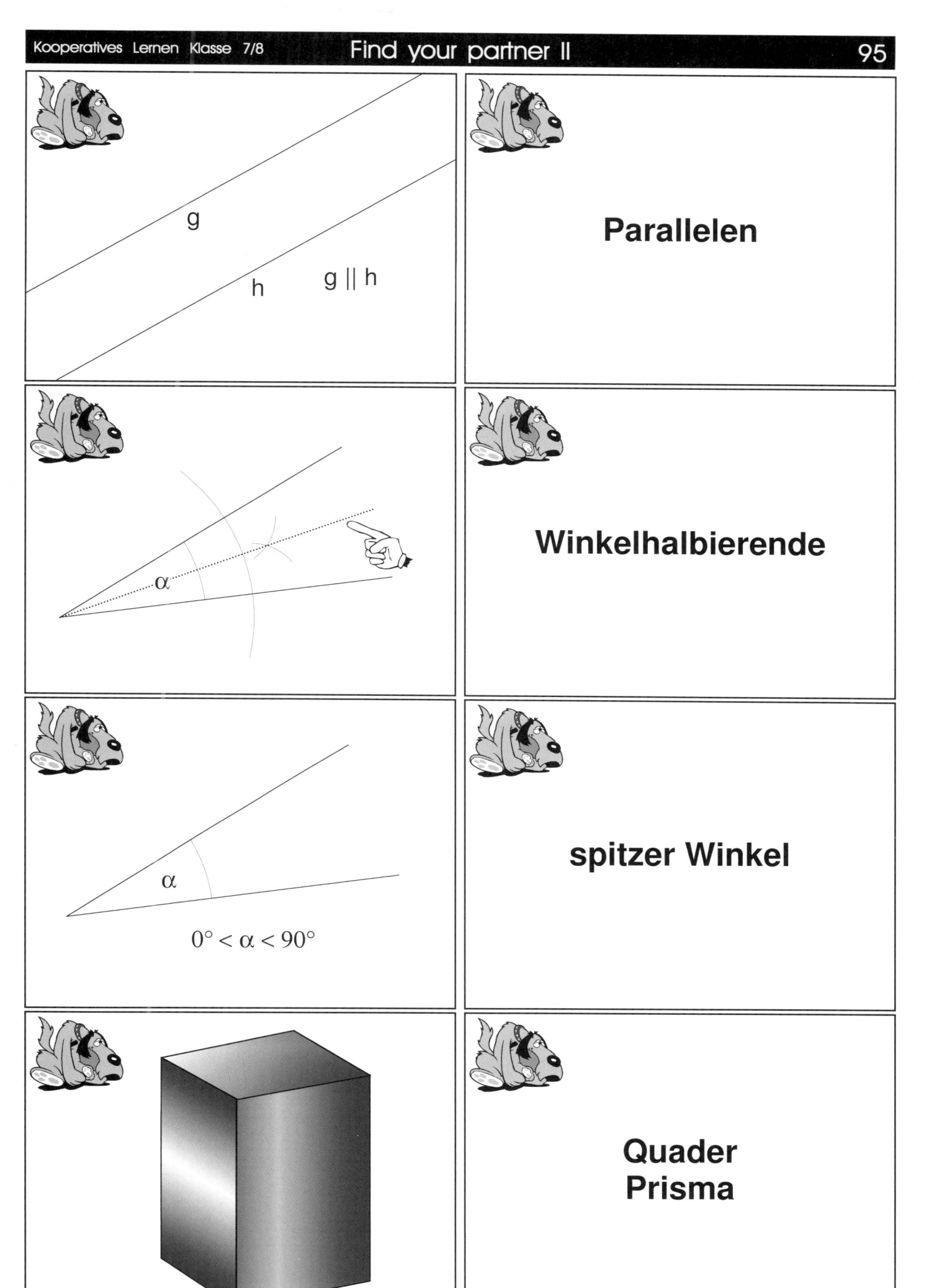

g, h, g ∥ h	**Parallelen**
(Winkel α mit Konstruktion)	**Winkelhalbierende**
α, $0° < α < 90°$	**spitzer Winkel**
(Quader-Abbildung)	**Quader Prisma**

Find your partner II

C	**Strahl**
A — B (with perpendicular bisector construction)	**Mittelsenkrechte**
α, $90° < α < 180°$	**stumpfer Winkel**
(Trapez-Figur)	**Trapez**

Find your partner II

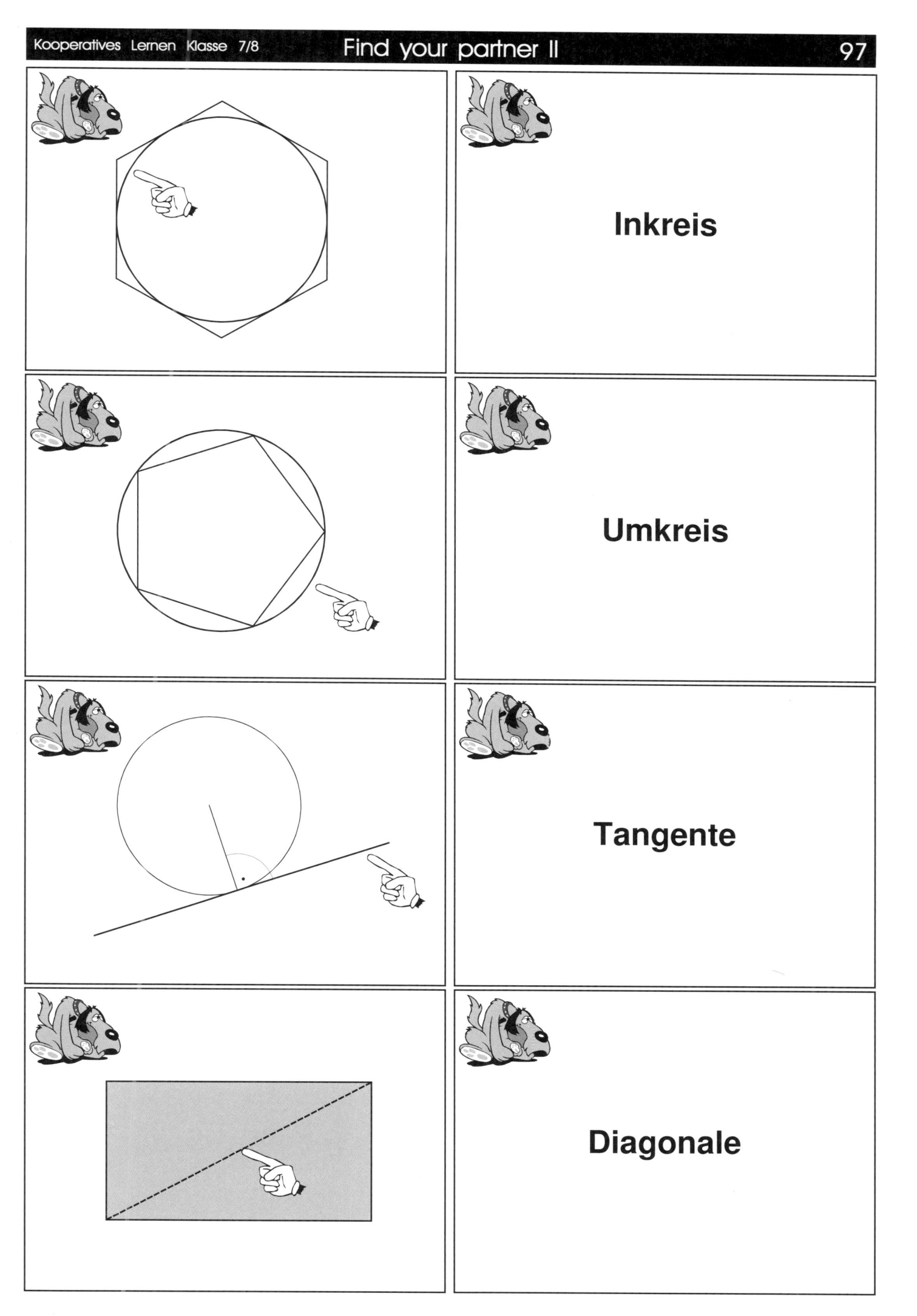

(hexagon circumscribing circle)	**Inkreis**
(pentagon inscribed in circle)	**Umkreis**
(line tangent to circle)	**Tangente**
(rectangle with diagonal)	**Diagonale**

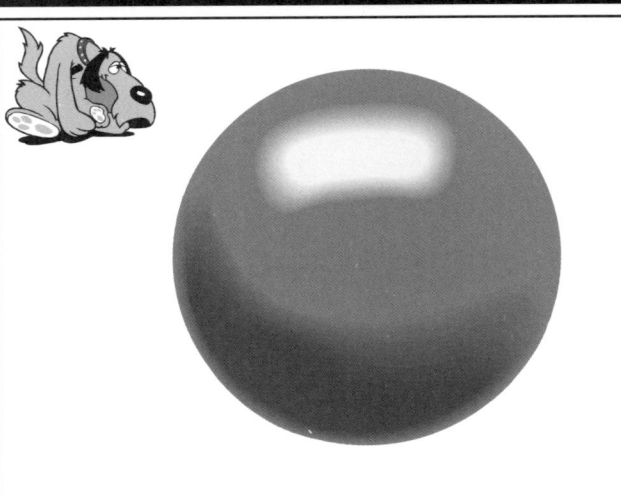

(Kugel image)	**Kugel**
(Pyramide image)	**Pyramide**
(Zylinder image)	**Zylinder**
(right angle image)	**rechter Winkel**

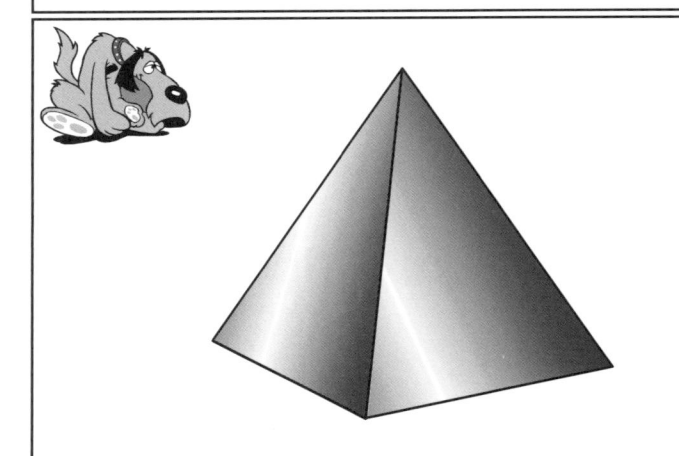

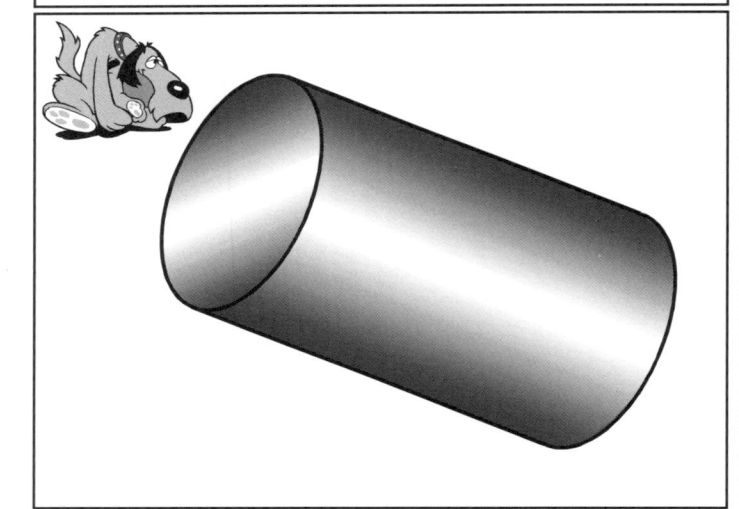

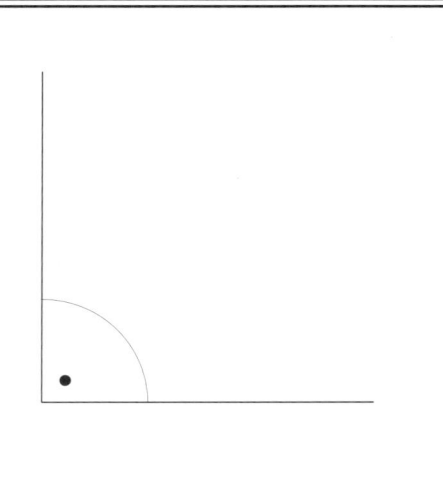

Find your partner III

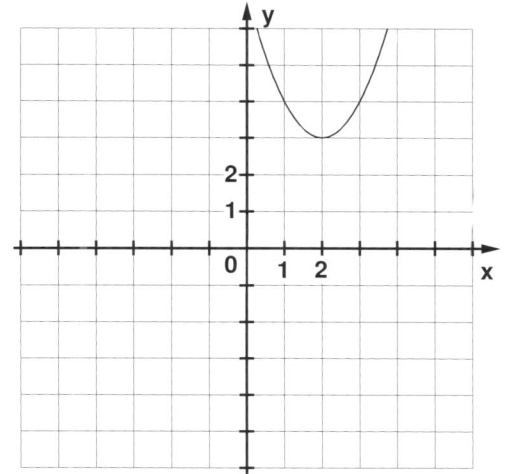

$y = (x - 2)^2 + 3$

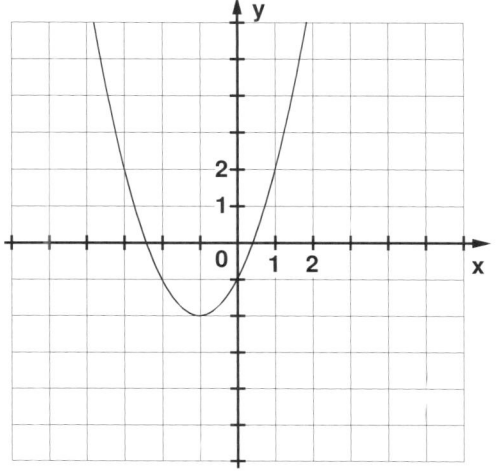

$y = (x + 1)^2 - 2$

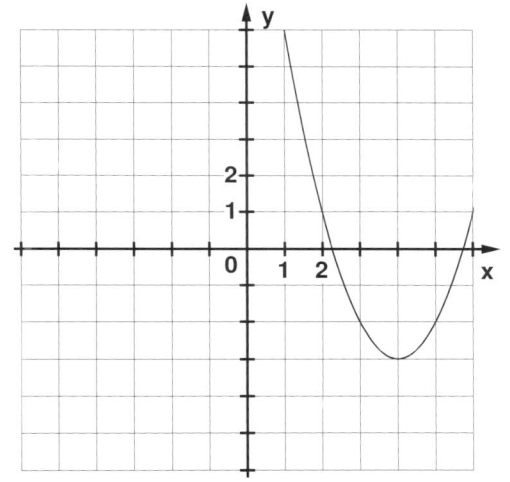

$y = (x - 4)^2 - 3$

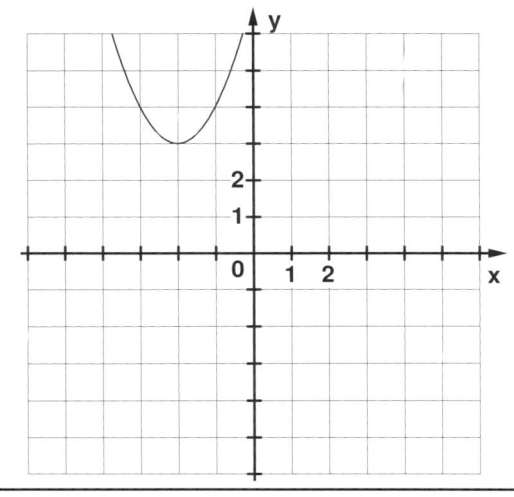

$y = (x + 2)^2 + 3$

Find your partner III

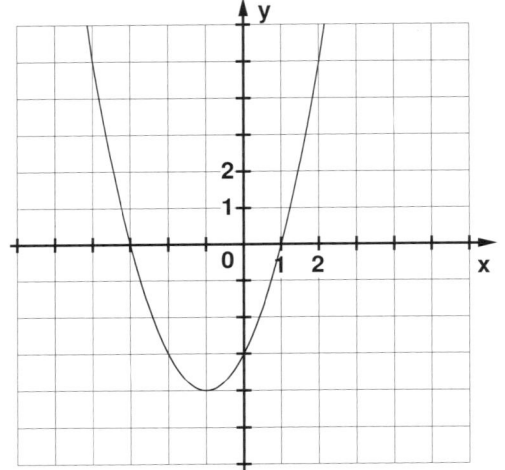

$y = (x + 1)^2 - 4$

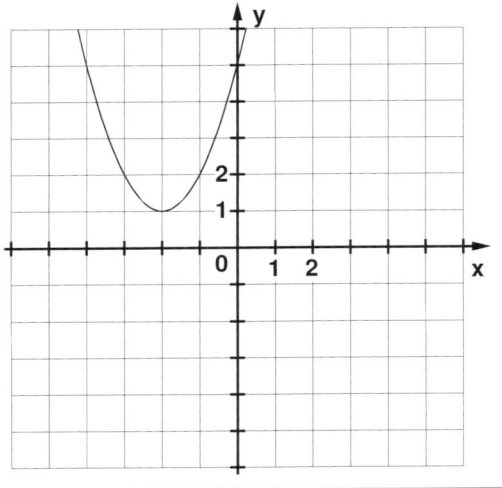

$y = (x + 2)^2 + 1$

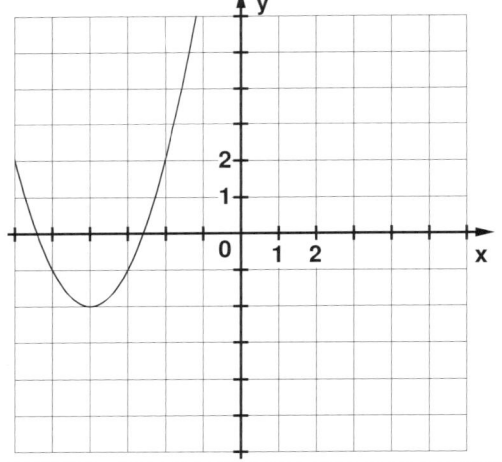

$y = (x + 4)^2 - 2$

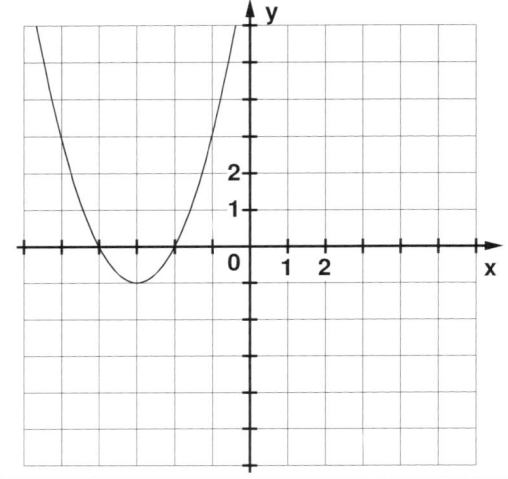

$y = (x + 3)^2 - 1$

Find your partner III

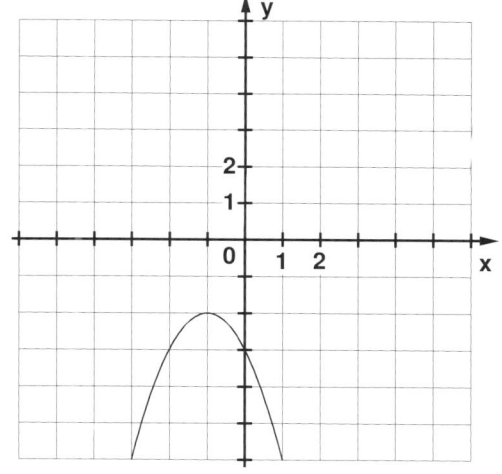

$y = -(x + 1)^2 - 2$

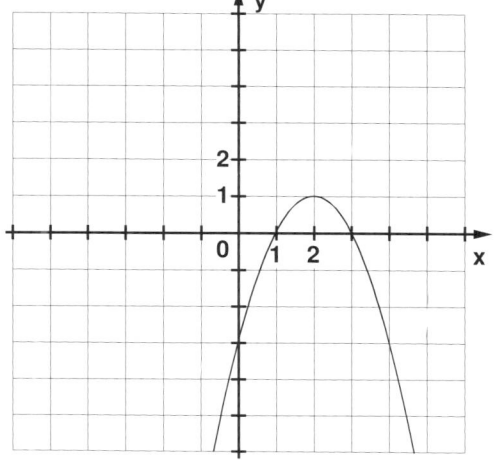

$y = -(x - 2)^2 + 1$

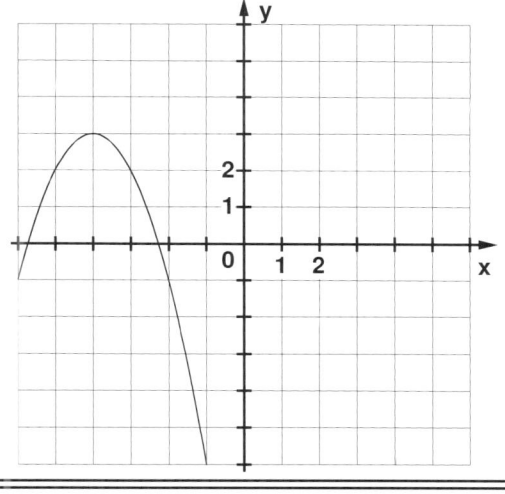

$y = -(x + 4)^2 + 3$

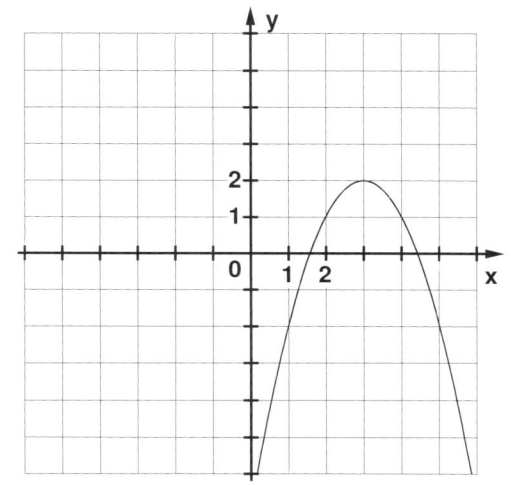

$y = -(x - 3)^2 + 2$

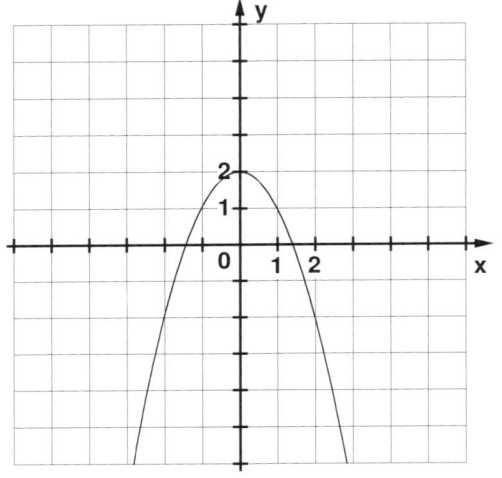

Find your partner III

$y = -x^2 + 2$

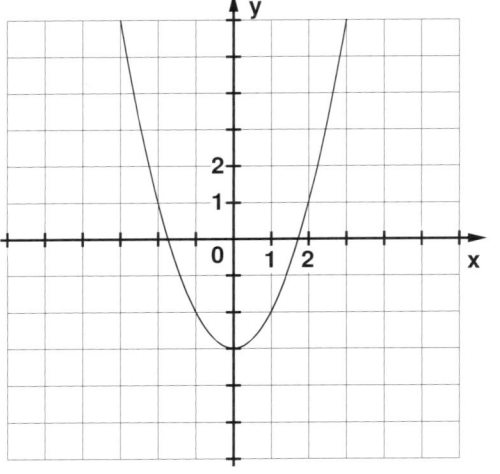

$y = x^2 - 3$

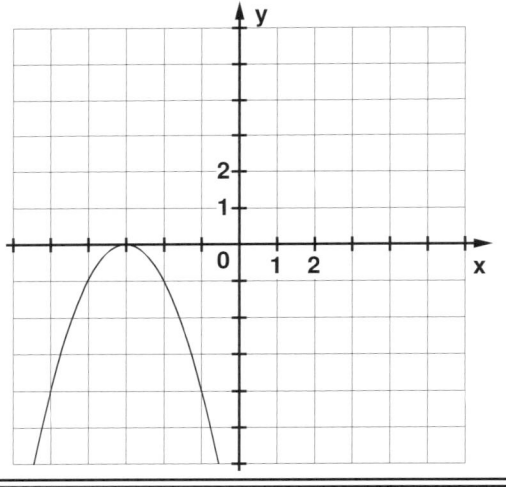

$y = -(x+3)^2$

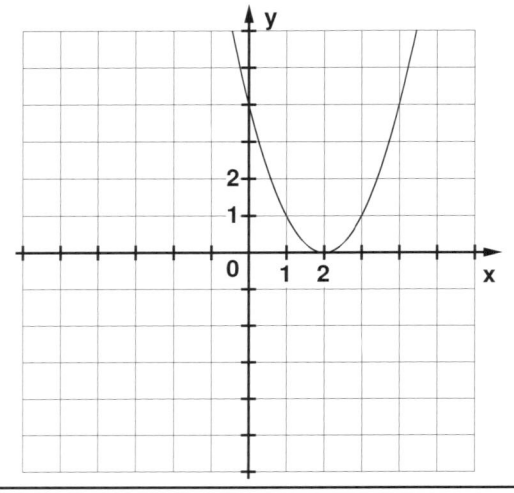

$y = (x-3)^2$

Leerschema »Placemat«

gemeinsame Lösung:

Kooperatives Lernen — Leerschema »Find your partner« — 104